KB123058

농부가 된
베 테 랑
경제기자의

전원생활
촌 테크

촌 테크
시골(村) 테크놀로지의 준말. 귀농·귀촌을 희망하는
사람이나 가정이 자신의 목적에 맞게 전원생활을 할 수 있도록
관리하는 방법이나 일.

농부가 된
베 테 랑
경제기자의

전원생활
촌 테크

박인호 지음

동아일보사

행복한 자연인 농부로 살아가기

'엄마의 품속 같은 자연에서 되찾은 평온. 이 행복감이 바로 내가 도시를 버리고 전원으로 향한 이유다.'

2010년 가을, 가족과 함께 강원도 홍천 산골에서 전원생활을 시작한 지 6개월쯤 된 시점에서 쓴 일기 속 한 구절이다. 전원생활을 시작할 때의 만족감과 행복이 한껏 묻어난다.

'자연과 소통하는 이는 진정한 자연인이자 자유인이다. 물질과 욕심으로 점철된 도시를 내려놓기만 하면 누구나 자연인이 될 수 있다.'(2012년 8월, 『헤럴드경제』)

'농업은 생명을 다루는 산업이요, 농부는 생명을 가꾸는 시인이라는 마음가짐을 견지하자. 그래야 농사를 통해서도 자연의 축복을 제대로 향유할 수 있게 된다.'(2014년 9월, 『동아일보』)

　귀농 이후 쓴 칼럼에서 보듯이 나는 예비 귀농·귀촌인들에게 자연과 하나 되어 교감하는 자연인, 생명을 가꾸는 농부의 길을 줄곧 강조해 왔다. 나 역시(아직 멀었지만) 한 걸음 한 걸음 그 길을 걸어가고 있다. 되돌아보니 어느덧 만 5년이 훌쩍 지났다. 농작물로 비유하자면 이제 시골, 자연이란 토양 속에 온전히 뿌리를 내려 건강하게 생장하고 있다. 누군가 "지금도 여전히 행복한가?"라고 묻는다면, 나는 "물론 그렇다"고 대답할 수 있다.

　2010년 당시 전원행의 초심은 확고했다. 자연 속에서 친환경 농사를 통해 자급자족하는 것, 바로 소박한 농부이자 자연인의 삶이었다. 그러나 이를 실천하기란 쉽지 않았다. 내려놓고 또 내려놓고자 했지만, 돈과 명예, 성공 등 도시적 가치가 늘 발목을 잡았다. 특히 '돈'이 그랬다. 4인 가족이 전원생활을 하는 데 필요한 최소한의 돈을 얻고자 했지만, 귀농 초기에 농사를 지어 그만큼 벌기란 사실상 불가능했다.

　다행히 귀농·귀촌이란 시대적 흐름이 맞아떨어져 관련 글을 쓰고 간간이 귀농·귀촌 강의를 하며 필요한 생활비를 조달하고 있지만, 한 달에 200만 원 벌기도 빠듯하다. 이 때문에 오래전에 가입한 보험 상품을 크게 손해 본 채 해약하기도 했고, 요즘 흔히 말하는 '시간강사의 눈물'도 절감했다.

그래도 다수확 고소득 농사 등 돈에 대한 유혹은 멀리했다. 시골에 들어와 직접 보고 듣고 해보니, 돈 버는 농사에 집착하면(돈을 벌기도 어렵지만) 애초 꿈꿔 온 온전한 '자연인 농부'가 되기 어렵다는 점을 깨달았기 때문이다. 흔들릴 때마다 초심을 다잡았다. 무농약, 무화학비료의 친환경 농사를 통한 자급자족이 우선이었고, 이를 위해서는 땅을 살리는 일이 먼저였다. 농산물을 자급하면 그만큼 생활비도 절감할 수 있을 것이라고 판단해 일단 글쓰기와 강의 등 농외 소득을 얻는 것으로 버텼다.

이렇게 유기 농업과 자연 재배를 오가며 땅을 살리다 보니, 드디어 2015년에 놀라운 일이 벌어졌다. (농)약 안 치고 키웠다고 하면 그건 거짓말이라는 고추농사가 풍작을 이뤘고, 비료 안 주면 안 된다는 수박도 기대 이상으로 수확했다. 먼저 땅을 살렸더니 땅이 보은하기 시작했다고 나는 믿는다.

자연의 순리대로 농사를 짓는 농부는 곧 자연인이다. 몸은 비록 고되지만 마음은 평안하다. 흙을 이해하고 작물과 대화하는 과정에서 생명에 대한 깨달음과 함께 생명 에너지를 얻는다. 물론 자연인의 삶 역시 걸림돌이 있다. 복잡한 인간관계가 특히 그렇다. 속칭 텃세로 불리는 기존 원주민과의 관계뿐 아니라 귀농·귀촌한 이들 간의 관계 또한 녹록지 않다. 안타깝지만 돈과 이해관계에 얽혀 서로에게 상처를 주고 갈등을 빚는 사례가 적지 않다.

전원생활이란 결국 자연과 인간이 함께하는 삶이다. 자연인은 무엇보다 자연과의 교제에서 더 많은 즐거움과 기쁨, 교훈을 얻어야 하지 않을까. 자연의 친구는 비단 지저귀는 새와 동물만이 아니다. 농사짓는 작물과 심지어 잡초조차 친구가 될 수 있다.

2014년 귀농·귀촌 인구는 전년보다 37.5%나 급증한 4만 4586가구에 이르렀는데, 2015년에는 이를 뛰어넘어 또다시 사상 최대 기록을 세웠다. 도시를 떠나 농촌으로 향하는 발걸음은 지금 이 순간에도 계속되고 있다. 목가적인 전원생활부터 성공 귀농까지, 그 동기와 목적 또한 다양하다. 전원생활 7년 차인 나는 지금도 여전히 '자연인 농부'를 꿈꾸며 산다. 그래서 행복하다. 가급적 많은 이가 이 행복한 꿈을 함께 꾸었으면 좋겠다.

단순한 생활,
긴장과 불안에서 벗어남,
무엇이든지 쓸모있는 일을 할 기회,
그리고 조화롭게 살아갈 기회

헬렌 & 스콧 니어링

01

시골로 간
경제통

⁝ 자연의 리듬에 맞춰 사는 전원생활

　매년 3월 경칩(驚蟄·5, 6일)이 되면 만물은 겨울잠에서 깨어나기 시작한다. 겨우내 말라 버린 초목에는 다시 물이 오르고 새싹이 돋아난다. 낮과 밤의 길이가 같아지는 춘분(春分·20, 21일)에는 추위도 점차 물러나니 활동하기에 좋다. 이 춘분을 전후해 본격적인 한 해 농사가 시작된다. 이때부터 농부들은 연신 꿈을 꾼다. 올해는 어디에 무엇을 심을까, 한 해를 꿈꾸는 가장 행복한 순간이다.

　2010년 가을에 강원도 홍천으로 들어온 나와 아내도 매년 이맘때면 한 해 농사에 대한 대강의 계획(밭 면적 4798m², 약 1451평)을 세운다. 감자, 고구마, 옥수수 등 식량 작물뿐 아니라 고추, 마늘, 콩, 파, 들깨, 토마토, 오이, 호박, 쌈 채소, 김장 채소 등을 두루 심는다. 특히 욕심을

16　　　　　　　　　　　　　　　　　　　　　　　제 1 장 : 시골로 간 경세통

내는 것은 과일이다. 양지바른 산비탈에 과일나무를 심어 꽃도 보고 과일도 자급하면 얼마나 좋은가. 지금까지 오디(뽕나무 열매), 포도, 블루베리, 아로니아, 대추, 보리수, 사과 등의 열매를 얻었지만 오디와 포도를 제외하면 사실 '거두는 맛'을 제대로 보지 못했다. 그래서 2015년부터는 사과, 배, 복숭아, 대추나무를 계속 늘려 나가고 있다. 과일나무는 심어놓고 몇 년 지나야 제대로 된 열매를 안겨 주니 그만큼 농부는 지고지순한 인내와 사랑을 쏟아부어야 한다.

3월의 자연은 우리에게 건강 선물을 하나둘 안겨 주니 고맙다. 그중 하나는 혹한의 겨울을 이겨 내고 봄철 밥상에 오르는 영양만점의 향긋한 냉이다. 이웃집 어르신은 "예부터 겨울을 난 냉이를 세 번만 먹으면 보약 먹을 필요가 없다고 했다"는 말씀을 들려주신다.

약간 달짝지근한 고로쇠 수액을 비롯해 다래, 자작나무 수액도 3월의 산골에서 맛볼 수 있는 자연의 맛이다. 건강에 좋은 상지차(뽕나무가지차)와 생강나무차도 빼놓을 수 없다. 상지차 재료는 싹이 트기 전인 2~3월에 잔가지를 잘라서 만든다. 아내는 2015년부터 된장을 담그면서 뽕나무가지를 함께 넣어 '뽕나무 된장'을 만들어 보았다. 실험적인 먹거리를 만드는 재미 또한 쏠쏠하다.

이렇게 봄이 시작되면 산과 들에는 이외에도 각종 건강 먹거리가 넘쳐난다. 이름 모를 풀들이 경쟁하듯 돋아나고 쑥, 달래, 원추리, 돌나물, 미나리 등 들나물 뜯는 재미에 시간 가는 줄 모른다. 이것 또한 자연이 지어 주는 농사다. 이처럼 3월의 전원은 자연과 하나 되어 그 리듬에 맞춰 소박하게 살아가는 것이 농사요 곧 전원생활임을 새삼 깨닫게 해준다. 또 전원에서의 인생 2막을 꿈꾸는 수많은 도시민이 보다 적극적으로 귀농·귀촌의 길을 모색하는 시기이기도 하다. 그들 가운데 가급적 많은 이가 실제 자연의 품에 안겨 그 리듬에 귀 기울이며 사는 즐거움을 맛보았으면 좋겠다.

전원의 봄, 생명을 노래하다

매년 4월이 되면 전원의 산과 들은 서서히 녹색 옷으로 갈아입는다. 각종 풀과 나무들은 화사한 꽃망울을 터뜨린다. 또 자연이 주는 각종 천연 먹거리가 미각을 자극한다. 밭에서는 농부들이 생명의 씨앗을 뿌리느라 분주하다. 바야흐로 봄, 봄이다.

4월의 절기에는 청명(淸明·5, 6일)과 곡우(穀雨·20, 21일)가 있다. 곡우는 '곡식을 깨우는 비'라는 뜻으로, 나무에 물이 가장 많이 오르는 시기다. 그래서 영·호남과 강원도 지방에서는 이름난 산으로 곡우물을 먹으러 가는 풍습이 있었다. 다래, 자작나무, 박달나무의 줄기에 구멍을 내어 받은 수액인 곡우물은 몸에 좋은 것으로 잘 알려져 있다.

4월에는 입춘부터 돋아나기 시작한 봄나물이 쇠고 산에는 진달래꽃이 만발한다. 마당에는 살구, 자두, 앵두꽃이 피고 울타리에는 개나리가 활짝 피어 황금빛을 뿜어낸다. 양지꽃, 민들레꽃이 땅에 엎드려 피어나고 보라색 제비꽃도 곳곳에 피어 있다. 전원의 봄은 생동의 기운이 가득하고 뭇 생명들은 활력이 넘친다. 알을 깨고 나온 병아리들이 햇살 좋은 마당을 종종거리며 다닌다. 새들은 활기차게 날아다니고, 개구리는 힘차게 울어 댄다. 농부들은 논과 밭에서 바삐 일손을 놀린다.

4월 하순에 들어서면 쭉쭉 뻗은 낙엽송이 연두색을 띠고, 산꽃들이 피기 시작한다. 으름, 둥굴레꽃이 자태를 뽐내고, 산 전체가 녹색으로 빠르게 물들어 간다. 사과나무와 배나무에도 꽃이 핀다. 싹트는 뭇 생명들을 지켜보는 것은 참으로 신비한 체험이다.

우리 가족은 농사일로 바쁜 와중에도 왕고들빼기와 민들레 캐기, 쑥과 개망초 뜯기를 빼놓지 않는다. 이때는 그야말로 망중한이다. 흔한 잡초로 여겨지는 개망초지만 여린 잎을 뜯어 나물로 먹으면 색다른 맛을 느낄 수 있다. 산에 가도 곳곳에 먹거리가 널려 있다. 화살나무, 다래나무, 산뽕나무 등의 여린 새순을 채취해 나물로 먹으면 봄 향기가 상큼하다. 취나물 잎도 한 움큼 얻을 수 있고, 고사리와 고비도 제법 꺾을 만하다. 이들 봄 먹거리는 자연이 지어 주는 농사다. 그저 수확만 하면 된다. 이거야말로 자연농업이요, 태평농업이 아니겠는가. 민들레는 왕고들빼기와 함께 양념을 넣고 버무려 김치를 만들어 먹으면 밥도둑이 따로 없다.

4월은 본격적인 농사철이다. 감자, 옥수수, 콩 등 각종 씨앗을 뿌리고 어린 싹은 잘 돌봐 주어야 한다. 비 오기 전에 한발 앞서 씨를 뿌리고 김을 매주면 농작물이 알아서 쑥쑥 자란다. 사람이 심고 하늘은 비를 내린다. 이럴 때 농사는 자연이 짓는 것이요, 사람은 단지 자기 몫을 할 뿐이라는 걸 새삼 깨닫게 된다.

; 오늘도 벗는다, 그리고 걷는다

전원생활을 시작한 이래 우리 가족이 즐겨하는 건강관리법이 있다. 맨발로 맨땅 걷기가 바로 그것. 이를 한자로는 접지(接地), 영어로는 어싱(earthing)이라고 한다. 접지는 몸을 땅에 연결해 땅의 기운을 충전하는 것이다. 접지론자들은 "인간의 질병은 자연, 즉 땅과 멀어지는 데서 온다"라고 주장한다. 따라서 맨발로 흙길을 걸으면 인체가 그 지기를 흡수해 건강해질 수 있다는 것이다. 예를 들어 어떤 전기제품이 제대로 작동하려면 전기 플러그를 콘센트에 꽂아 전력을 공급받는 것과 같은 이치다.

이 접지 이론은 비단 동양의 한의학뿐 아니라 서양에서도 널리 알려져 있다. 클린턴 오버는 자신의 책 『어싱』에서 "인체는 늘 약한 양전하를 띠고 있기 때문에 지표면에 풍부한 음전자를 흡수해 균형을 이뤄야 건강을 유지할 수 있다"고 설명한다. 그 방법으로는 뭐니 뭐니 해도 맨발로 맨땅을 걷는 게 최고다(고무 신발은 지기 전달을 차단한다). 자연스레 '신체의 축소판'이라 불리는 발 마사지 효과도 얻는다. 땅 위에 앉거나 눕는 것도 한 방법이다.

우리 가족 중 접지론의 '광팬'은 아내와 큰딸이다. 편두통이 치유되는 효과를 톡톡히 본 아내는 봄부터 가을까지 수시로 접지를 즐긴다. 서리가 내린 차가운 맨땅을 맨발로 걷는 '극기훈련'도 마다하지 않는다. 집에서 인터넷 홈스쿨링으로 대학 과정을 마친 큰 딸도 수시로 집 가까운 밭에 만들어 놓은 흙길에서 밤이 어둑해질 때까지 즐겨 접지를 한다. 때때로 맨발을 땅에 대고 의자에 앉아 한참 동안 독서 삼매경에 빠지기도 한다.

반신반의하던 나와 작은딸도 등 떠밀리듯 접지에 동참했다. 처음엔 걸을 때마다 아주 작은 돌가루 등에 발바닥이 찔려 따끔거리기도 하고 영 불편했다. 하지만 익숙해지니 매번 지압을 받은 듯 경직된 몸이 확 풀리고 기운이 난다. 또한 숙면을 취하고, 머리가 맑아지는 게 확연히 느껴진다. 뒷짐을 진 채 맨발로 맨땅을 밟으며 느리게 한 걸음씩 걷다 보면 주변의 나무와 풀, 각종 작물과 곤충, 새 소리 등에 서서히 빠져들어 간다. 이윽고 나는 자연이 된다. 전원생활의 최고 기쁨이라고 할 수 있는 '자연과의 합일'은 이렇듯 단순한 접지가 주는 최상의 선물이다.

이 접지는 도시인들도 잠시 짬을 내어 도시공원 내 황톳길이나 주변

산의 둘레길, 등산로 등을 이용하면 쉽게 행할 수 있는 기초 건강관리법이다. 근래 들어 새로운 인생 2막을 열기 위한 귀농·귀촌 행렬이 이어지고 있지만, 그 가운데에는 난치·불치병에 걸려 치료나 요양을 목적으로 자연을 찾는 사람들도 적지 않다. 자연과의 접촉을 통해 심신을 충전하는 접지야말로 자연 치유의 시작이 아닌가 싶다. 자연은 건강과 치유의 원천이다. 자연 속에 둥지를 튼 우리 가족은 오늘도 벗는다, 신발을. 그리고 걷는다, 땅을.

; 박 씨네 오이가 맛있는 까닭

"박 씨네 오이는 달고 맛있어. 나중에 좀 더 얻어 가도 될까?"

동네 어르신의 말씀이다.

"그럼요, 언제든지 오세요."

내가 대답하니 옆에서 아내가 거든다.

"살다 보니 이런 날도 있네요. 우리가 키운 오이를 동네분들께 나눠 드리기도 하고……."

감격에 겨워하는 아내의 말마따나 이런 날이 이렇게 일찍(?) 올 줄은 미처 몰랐다. 사실 우리 가족은 시골로 들어와서 처음 한두 해는 동네 이웃이 재배한 농산물을 사먹거나 일방적으로 얻어먹기만 했다. 땅이 망가져 있는 상태에서 자연농업을 한답시고 풀과 함께 작물을 키웠으니 뭐 하나 제대로 된 수확물이 나오지 않았다. 꽤 넓은 밭에 고구마와 감자, 옥수수를 주로 심었는데, 우리 가족(4인)이 필요로 하는 양의 절반도 채 얻지 못했다.

일단 가족의 먹을거리만이라도 자급해 보자는 아내의 말에 2013년부터 가축분 퇴비를 뿌리고 밭갈이를 했다. 또 풀 억제 및 작물 생장 촉진을 위해 이랑에 검정 비닐을 씌웠다. 그러나 무농약, 무화학비료 등 친환경 유기농법만큼은 고수했다.

그 결과, 2013년부터는 우리 가족이 먹고 친인척과 지인에게 충분히 나눠 줄 만큼 수확을 했다. 고구마와 김장 배추 일부를 동네 이웃에게 처음으로 나눠 주기도 했다. 그동안 얻어먹기만 해서 염치가 없었는데, 이제는 이렇게 오이까지 기쁜 마음으로 나눠 줄 수 있게 된 것이다. 이왕 자랑하는 김에 옥수수도 빼놓을 수 없다. 나는 통상 옥수수를 키울 때 꼭 주는 요소와 복합비료를 일절 사용하지 않는다. 심지어 벌레가 날아들어 옥수수수염을 뜯어 먹고 새들이 수꽃(개꼬리)을 꺾어 놓더라도 절대 농약을 치지 않는다. 이렇게 길러진 옥수수 열매를 맛본 사람들은 이구동성으로 "정말 맛있다"를 연발한다. 그러면서 비법이 뭐냐고 묻는다. 하지만 게으른 반쪽 농부에게 남다른 비법이 있을 리 없다. 만약 있다면 농약과 화학비료를 일절 금했다는 것뿐. 이렇게 몇 년 지나자 땅은 서서히 살아났고, 기력을 회복한 땅은 건강한 자연의 맛을 선물했다. 물론 이런 자연의 맛을 얻는 대신 다수확에 대한 욕심을 접어야 한다. 내가 기른 옥수수는 크기도 작고 수확량도 크게 떨어진다. 그래서 전업 농부들은 현실적으로 이런 농사를 지을 수 없다. 그럼 여유로운 전원생활을 찾아 시골로 들어온 사람들은 어떨까? 안타깝게도 이들조차 건강한 맛보다는 수확량에 집착하는 모습을 자주 보게 된다.

아직 7년 차 '반쪽 농부'지만 이젠 감히 말할 수 있다. 수확량에 대한 욕심은 내려놓고 먼저 땅을 살려 자연이 주는 힐링과 건강을 맛보라고. 수십 년간 관행적으로 농사를 지어 온 어르신 농부들도 그 맛을 인정하는 박 씨네 오이와 옥수수처럼.

¦ 도시 내려놓기, 자연인 되기

　매년 찜통더위가 전국을 달구는 7월 하순과 8월 초순이 되면, 나는 여름휴가차 강원도 홍천 집을 찾아온 지인과 함께 청정 오지인 강원도 홍천군 내면(평균 해발 650m)의 한 계곡을 찾는다. 오랜만에 만난 지인의 얼굴에는 도시의 빡빡한 일상과 업무에서 막 탈출했다는 해방감이 한껏 묻어난다. 하지만 그는 여전히 휴대 전화에서 입과 손을 떼지 못한다. 이윽고 계곡의 비포장 산길을 따라 차가 움직이면 파란 하늘은 이내 보이지 않고 녹색 터널만이 이어진다. 워낙 울퉁불퉁한 산길이라 차라리 걷는 게 더 빠르다. 잠시 후 그는 난감한 표정을 짓는다. 갑자기 휴대 전화 통화가 끊겼기 때문. 휴대 전화 불통 지대에 들어선 것이다.

　'IT 강국 대한민국'도 사실 강원도 첩첩산중에서는 내세울 게 못 된다. 높은 산이 병풍처럼 둘러싼 심산유곡에 들어서면 휴대 전화는 이 내 먹통이 된다. 인터넷도 불가능하다. 자연은 이처럼 문명의 이기를 쉬이 허락하지 않는다. 이를 내려놓을 때 비로소 자연과의 접속이 가능해진다. '청산에 살어리랏다'를 노래하는 머루와 다래, 억울하게 죽은 며느리의 애절함이 묻어 나오는 꽃며느리밥풀, 무심한 바위에 생명을 입힌 이끼 등이 반긴다. 흐르는 계곡물은 발을 살짝 담그면 이내 간지럼을 태우며 말을 걸어 온다. 휴대 전화 불통 지대에서 맛보는 황홀한 자연과의 소통. 안절부절못하던 지인의 모습은 온데간데없다. 그는 이 순간 자연인이다.

몇 년 전, 홍천군에 이웃한 횡성군의 산속에서 홀로 살고 있는 한 여성 자연인의 초대를 받았다. 그녀는 칠순이 다 되어 가지만 지금껏 혼자 산다. 그곳은 산골에서도 완벽하게 격리된 공간이다. 마을 포장도로가 끝나면 그녀의 구형 지프로 옮겨 타고 비포장 산길을 따라 덜커덩 삐거덕 소리를 내며 한참을 더 올라가야 한다. 처음 본 그녀의 숲 속 둥지는 자연과의 교감이 충만한 작은 안식처였다. 황토방과 구들, 나무를 때는 부엌 아궁이, 그리고 집 마당에는 어릴 적에 물을 퍼 올리던 펌프도 놓여 있다. 작은 보금자리의 거실에 들어서면 특이하게도 벽면 아래쪽으로 창문이 나 있다. 왜냐고 물으니 그녀는 아무 말 없이 손가락으로 창문 밖 정원의 야생화들을 가리킨다. 거기에는 너무도 자연스러운 아름다움만이 활짝 피어 있다.

그녀는 매일 정원에 심어 놓은 야생화에 사랑을 쏟아붓는다. 그녀의 검게 그을린 피부와 손가락 마디마디에는 그 사랑의 흔적이 고스란히 남아 있다. 그녀는 항상 야생화들과 대화를 즐긴다. 물론 주변의 나무와 이름 모를 잡초도 빼놓지 않는다. 도시와 인간을 내려놓고 늘 자연과 소통하는 그는 진정한 자연인이자 자유인이다.

도시민은 누구나 전원생활을 꿈꾼다. 그래서 로망이라고 한다. 귀농·귀촌은 이미 사회적 트렌드가 되었다. 귀농·귀촌은 곧 전원생활이며, 이는 도시를 떠나 자연인이 되고자 함이다. 자연은 태곳적부터 스스로(自), 그대로(然)이다. 인간이 자신이 태어난 자연으로 다시 들고 안 들고는 오직 개개인의 선택에 달려 있다. 물질과 욕심, 집착으로 점철된 도시를 내려놓기만 하면 누구나 자연인이 될 수 있다. 휴가철에만 잠깐 찾는 일시 자연인이 아닌 영원한 자연인 말이다.

; 직접 보고 느끼고 얻는 즐거움

　매년 7월로 접어들면 강원 산간 지역의 밭에서는 옥수수가 한창 여물어 간다. 4월 초순 씨를 뿌린 지 석 달이 채 안 되어도 잘 자란 것은 내 키를 훌쩍 넘어선다. 참 신기하다. 그 작은 옥수수 알갱이가 싹을 틔우고 2m 이상 쑥쑥 자란다. 한 알을 심어 수백 배 이상의 결실을 맺는 전 과정을 가만히 지켜보노라면 그저 놀랍기만 하다. 홍천의 깊은 산골로 들어와 농사와 전원생활을 통해 맛보는 가장 큰 기쁨 중 하나는 바로 이 같은 생명의 경이, 자연의 결실을 직접 '보고' '느끼고' '얻는다'는 것이다. 인간이 만든 도시에선 거의 불가능한 전원의 축복이다.

　생명의 경이란 새 생명 탄생의 오묘함뿐 아니라 그 생명 에너지에 대한 경탄이기도 하다. 2년 동안 나무줄기와 가지가 말라비틀어진 채로 있어, 아예 죽었다고 포기한 사철나무의 밑동에서 다시 작은 새 가지와 잎이 돋아 나와 푸르름을 뿜낸다. 그때의 놀라움과 기쁨이란 말로 다 표현할 수가 없다. 마치 사철나무의 생명력이 내 몸 안으로 들어와 충전되는 듯하다. 미국 작가 O. 헨리의 단편소설 『마지막 잎새』에서 병을 앓던 젊은 환자가 벽에 그려진 마지막 잎새를 보고 다시 삶의 희망을 안고 일어서는 것처럼 말이다.

이렇듯 전원생활은 흥미진진하고 기쁨 충만한 나날의 연속이다. 하지만 이는 늘 자연과의 교감을 통해 소박하되 여유로운 삶의 자세를 견지해 나갈 때에만 비로소 내 것이 된다. 반복되는 전원의 일상과 현실의 무게에 짓눌리면 자기도 모르는 사이 이를 잃게 된다.

나는 2012~2013년 2년간 매주 평일 밤이면 마을에 있는 한 초등학교로 '출근 아닌 출근'을 했다. 방과 후 수업이 끝난 학생들을 내 차에 태워 집에 데려다주는 일을 맡았다. 약간의 시급(1만 5000~1만 7000원)이 주어졌지만, 밤마다 정시에 집을 나서야 하기에 봉사한다는 마음가짐으로 임했다. 그래서일까. 자연은 예상치 못한 놀라운 선물을 안겨줬다. 한동안 잊고 있었던 밤하늘의 달과 별들을 다시 볼 수 있게 된 것이다. 아이들을 데려다주기 위해 집을 나서면서, 조금 일찍 도착한 학교 운동장에서, 아이들을 집 어귀에 내려 주고 들어가는 걸 지켜보면서 밤하늘에 밝게 빛나는 달과 별과 무언의 대화를 나눈다. 이때만큼은 나도 달이 되고 별이 된다.

자연은 늘 그대로 있다. 항상 쫓기며 사는 우리가 마음의 문을 열고

다가서기만 하면 즉시 기쁨과 평안, 생명 충만함을 선물한다. 그래서 전
원생활은 축복이다. 각박하고 소모적인 도시 생활에 지친 현대인들은
누구나 행복한 전원생활을 꿈꾼다. 스스로 욕심과 조급함을 내려놓고
자연과 함께 호흡하고 자연을 닮아 가려는 소박하고 겸손한 마음을 가
진다면 누구나 그 꿈을 이룰 수 있다. 예비 귀농·귀촌인 등 이를 준비
중인 사람들은 물론, 이미 전원에서 생활하고 있는 이들 또한 마찬가지
다.

; 전원에서의 전쟁과 평화

　오래전에 한 여성의 전화를 받았다. 각박한 도시 생활을 접고 전원으로 들어가 여유롭게 살고 싶은데, 한 가지 고민이 있다고 했다. 들어 보니, 모기 때문에 망설이고 있다는 고백이었다. 이 여성이 바라는 모기 없는 전원생활이란 애초에 불가능하다. 왜냐하면 모기 또한 자연의 일부이고, 그저 수많은 전원의 불청객 중 하나일 뿐이기 때문이다.

　몇 년 전의 일이다. 현관 데크 계단을 오르던 중 뭔가 이상한 느낌이 들어 발치를 내려다보니 새끼 뱀 한 마리가 황급히 계단 아래로 몸을 틀어 앞마당 풀숲으로 사라지는 것이 아닌가! 쇼킹한 뱀의 도발은 여기서 끝나지 않았다. 얼마 후 큰딸이 또다시 현관 데크 밑에서 독사의 새끼를 발견했다. 새끼 뱀이 자주 출몰한다는 것은 가족, 즉 어미 뱀이 있다는 의미였다. 우리 가족은 비상이 걸렸고, 뱀과의 전쟁에 돌입했다. 즉시 집 건물과 가까운 수풀 가장자리를 따라 뱀 그물을 설치하고, 뱀을 포획하기 위한 'Y자'형 막대기와 집게 등을 준비했다. 바로 다음 날 그물로 퇴로가 막힌 새끼 꽃뱀 한 마리를 포획했다. 설상가상으로 데크 계단 밑에까지 극강의 맹독사인 큰 까치살모사가 나타나기도 했다. 뱀과의 전쟁 선포 이후 매년 집 주변에 침투하는 뱀 6~7마리를 포획했다. 이 전쟁은 지금도 여전히 진행 중이다.

비단 뱀뿐만이 아니다. 기온이 뚝 떨어지는 초겨울이 다가오면 따뜻한 집과 창고로 침투하려는 쥐 떼와 한 차례 치열한 전쟁을 치러야 한다. 지난 2011년 겨울에 시작된 쥐와의 전쟁은 매년 반복된다. 천장과 지하창고뿐 아니라 심지어 거실에서도 대전투를 치렀고, 그 결과 지금까지 잡은 쥐(들쥐, 땃쥐, 지붕쥐)만 해도 거의 100마리에 이른다. 이후 집 천장과 거실에는 다시 평화가 찾아왔지만, 지하창고에서는 여전히 크고 작은 전투가 계속되고 있다. 물론 자연의 일부인 뱀과 쥐를 '적'으로 간주하는 전쟁은 이들이 집 주변에서 우리 가족의 활동과 안전을 심각하게 위협할 때만 치러진다.

청정하고 아름다운 자연환경 속에서의 전원생활이란 언뜻 자연의 축복만을 누리는 듯하지만, 사실 그 속을 자세히 들여다보면 그 축복을 제대로 향유하기 위해 겪지 않으면 안 될 각종 불편함과 위험이 도처에 도사리고 있다. 보기에도 징그러운 뱀과 쥐, 말벌 등 각종 날벌레와 곤충들이 인간과 함께 공존하는 것이다. 이것이 생태계의 본모습이다. 치열한 경쟁 속에서 심신이 지쳐 버린 도시인들에게 전원생활은 로망이다. 하지만 정작 살아 보면 말처럼 쉽지 않다. 뱀과 쥐 등 전원의 불청객들과 비록 동거할 수는 없지만, 공존해야 한다는 것을 이해하고 받아들여야 한다. 그래야 전원에서 실제로 전쟁이 터져도 낙심하지 않고, 그 과정에서 쉼과 평화를 누릴 수 있다. 전원생활이란 결국 자연과 인간이 함께하는 삶이다.

; '대산' 아닌 '행산'을 떠나 보자

'안산', '즐산', '풍산', '대산', '행산'······.

아마도 낯선 산 이름에 고개를 갸우뚱할 것이다. 이는 산 이름이 아니라 약초와 버섯 등을 캐러 다니는 소위 '꾼들' 사이에서 즐겨 쓰는 그들만의 은어다. 실제 산약초 전문 인터넷 카페나 블로그를 방문하면 이런 말들을 마치 보통명사처럼 사용하는 것을 볼 수 있다. 이를 풀어 보면 안산은 '안전한 산행', 즐산은 '즐거운 산행', 풍산은 '풍성한 산행', 대산은 '대박 산행', 행산은 '행복한 산행'을 말한다. 버섯의 계절, 가을의 유행어는 물론 풍산과 대산이다. 단순히 친목과 건강을 위한 일반 산행이 아니라 버섯 채취라는 뚜렷한 목적을 가진 산행을 일컫는다. 나 역시 매년 가을에는 자연산 버섯을 얻기 위해 몇 차례 산에 오른다. 강원도 홍천 산골로 들어온 지 햇수로 7년째지만, 아직 가을 송이를 직접 채취하는 손맛을 보지 못했다. 그래서 내심 대산은 아니어도 풍산을 기대하며 높고 가파른 산을 누비고 다녔다. 하지만 지금까지 단 한 개의 송이도 발견하지 못했다.

매년 고온 현상이나 집중 호우 등 기상 이변이 발생하면 버섯 작황은 흉년을 면치 못한다. 혹 풍년이 들어도 이미 부지런한 인근 마을 주민들과 외지 버섯꾼들이 샅샅이 훑고 지나간 터라 내 몫이 남아 있을 리없다. 예부터 송이가 나는 자리는 자식에게도 알려 주지 않는다고 하지않던가. 부지런하지 않으면 송이를 만날 자격도 없다는 것을 인정해야했다. 하지만 이런 과정에서 다시 얻은 값진 깨달음이 있다. 그것은 욕심을 앞세운 산행은 반드시 그 대가를 지불해야 한다는 것. 비록 한순간 풍산과 대산을 맛본다 할지라도, 그것은 즐산과 행산, 안산을 희생시킨 결과라는 사실이다. 욕심을 내면 위험을 무릅쓰고라도 무리하게 되고, 이는 곧잘 안전사고로 이어질 수 있다. 외지인(도시인)의 무분별한 원정 버섯 산행은 임산물 채취권을 가진 현지 마을 주민의 농외소득을 잠식하기 때문에 마찰을 빚는 원인이 되기도 한다.

산은 우리에게 봄부터 겨울까지 산약초와 버섯 등 선물을 듬뿍 안겨 준다. 그러나 욕심을 낸다고 해서 이런 자연의 선물을 많이 취하는 것은 아니다. 묘하게도 풍산에 집착하던 나 역시 욕심을 내려놓으니 뜻밖의 행운이 찾아왔다. 매년 송이는 아니어도 귀한 영지버섯을 만나는 것이다. 중국의 진시황제는 영지를 불로초라 여겼고, 양귀비는 이를 먹고 바르면서 아름다움을 유지했다고 전해진다.

　근래 들어 가을만 되면 풍산과 대산을 겨냥한 각종 산행이 붐을 이룬다. 그러나 값진 약초와 버섯보다 산이 주는 더 귀한 선물이 있으니, 바로 산의 건강한 기운인 정기(精氣)다. 욕심을 앞세운 급한 산행은 이 정기를 흩뜨릴 뿐 제대로 얻지 못한다. 조용히 산의 정기를 호흡하며 산과 대화를 나눌 때 우리는 건강과 활력을 얻게 된다. 이제 가을에는 대산 아닌 행산을 떠나 보자.

; 자연의 친구 사귀기

도시를 내려놓고 강원도 홍천 산골로 들어간 2010년 가을, '그'를 처음 만났다. 이사한 지 며칠 지나 집 주변의 밭을 둘러보던 중 갑작스럽게 맞닥뜨렸다. 조금 거리가 있어서일까. '그'는 경계심과 호기심이 뒤섞인 눈빛으로 나를 바라보았다. 다름 아닌 꿩이었다. 이렇게 나와 꿩의 인연은 시작되었다. 꿩이 노니는 땅을 인생 2막의 터로 선택했다는 것은 행운이다. 풍수에서 꿩은 본능적으로 명당을 찾아내는 새로 불린다. '명당 새'에 대한 나의 높은 관심과 배려는 자연스레 꿩과 나의 평화로운 공존으로 이어졌다. 물론 위험한 순간이 없었던 것은 아니다. 이따금 들고양이와 매의 습격을 받으면 기겁한 꿩들은 "꺽꺽" 큰 비명을 내지르며 날아서 도망친다. 하지만 평소에는 수려한 외모의 수컷(장끼)이

제 1 장 : 시골로 간 경제통

몇 마리의 암컷(까투리)을 거느리고 느긋하게 산책을 즐기곤 한다.

꿩에게 가장 위험한 '천적(?)'은 다름 아닌 사람이다. 2012년 1월 초순, 우리 집 마당에서 '탕!' 하는 총소리가 울려 퍼졌다. 화들짝 놀라 창밖을 내다보니 한 사냥꾼이 꿩들을 향해 마구 총질을 해대고 있었다. 마을 주변에서의 사냥은 당연히 금지되어 있는데도 말이다. 큰 수난을 겪은 꿩들은 이후 하나둘 떠나 버렸다. 한동안 꿩들이 사라진 집과 밭 주변에서는 허전함과 스산함마저 느껴졌다. 산비둘기가 대신 무리를 지어 살았지만, 이전에 꿩과 나누던 일종의 교감은 이뤄지지 않았다.

꿩은 연중 우리 곁에 머물러 사는 텃새 중 하나다. 그래서 예로부터 설화, 소설, 판소리 등의 주인공으로 자주 등장했다. '꿩 서방', '서울까투리' 등은 꿩을 의인화한 표현이다. 좀 엉성하고 모자란 듯한 사람에게 갖다 붙이는 '꺼벙이'란 별명도 실상은 꿩의 새끼를 일컫는 '꺼병이'라는 말에서 유래했다고 한다. 각종 설화에서 꿩은 은혜를 알고 갚을 줄 아는 보은의 새로 그려졌다.

우리 가족의 기억 속에 조금씩 잊혀 가던 꿩들이 다시 하나둘 나타나기 시작한 것은 그해 12월 겨울이 되어서다. 하지만 사람에 대한 경계심이 한층 더해진 듯했다. 그래도 다시 찾아와 주니 얼마나 반갑던지! 이후 시간이 흐르면서 서로 있는 듯 없는 듯 공존하는 관계까지 다시 회복되었다. 특히 2015년 초여름의 한 '사건'은 우리의 관계를 더욱 돈독하게 하는 계기가 되었다. 때 이른 무더위에 나는 땀을 훔쳐 가며 뽕나무 열매인 오디를 따고 있었다. 순간, 뭔가 이상한 느낌이 들어 발밑을 내려다보곤 깜짝 놀랐다. 발을 딛고 선 곳 바로 옆에서 암꿩 한 마리가 땅에 배를 댄 채 숨죽이고 있는 것이 아닌가. 하마터면 밟을 뻔했다. 그러나 나의 놀란 움직임과 시선에도 암꿩은 미동도 하지 않았다. 마치 자신이 그 자리에 없는 것처럼……. 그렇지만 그 눈과 표정에는 긴장한 빛이 역력했다. 처음엔 뱀에 물린 것으로 착각했다. 하지만 자세히 보니 새끼들을 부화시키기 위해 알을 품고 있었다. 일촉즉발 위기의 순간에도 자신의 목숨을 돌보지 않고 새끼를 지키려는 꿩의 지극한 모성애에 절로 고개가 숙여졌다. 다음 날 작은딸과 함께 생사를 초월한 꿩의 모성애를 재확인했다. 아마도 작은딸은 호기심 이상의 큰 교훈을 얻었으리라.

꿩은 무려 20여 일 동안 보호색에만 의존한 채 무방비 상태에서 알을 품어 새끼를 부화시킨다고 한다. 되돌아보면 그 기간에 작업하던 내 예초기가 꿩의 둥지를 아슬아슬하게 비켜 간 절체절명의 위기 상황도 있었다(다만 내가 몰랐을 뿐이다). 호시탐탐 기회를 노리는 들고양이와 뱀들의 위협은 또 어떤가. 다행히 닷새가 지나자 어미 꿩은 무사히 새끼들을 부화시키고는 어디론가 사라졌다. 암꿩의 모성애를 지켜본 그 기간, 세상은 '메르스'와 '신생아 시신 택배' 사건으로 떠들썩했다.

가끔 귀촌해서 전원생활을 하는 이들 가운데 너무 심심하고 심지어 외롭다고 토로하는 이도 있는데, 이런 '자연의 친구'를 사귀어 보면 어떨까. 비단 꿩 등 동물만이 아니라 식물도, 작물도 다 '자연의 친구'가 될 수 있다. 이들과의 교감을 통해 얻는 즐거움과 교훈은 그 얼마나 값진가. 암꿩의 지극한 모성애처럼 말이다.

; 늘 푸른 겨울 소나무가 주는 교훈

　1월 한겨울의 절기에는 소한(小寒 · 5, 6일)과 대한(大寒 · 20, 21일)이 있다. 엄동설한, 북풍한설을 감당해야 하는 강원도 첩첩산중의 전원살이는 한겨울의 휑한 허허로움에 맞닥뜨리게 된다. 그럴 때마다 삶의 위안과 활력을 주는 나무가 있으니, 바로 소나무다. 시린 겨울 하늘과 흰 눈을 배경으로 우뚝 선 채 늘 푸른 기상을 발산하는 소나무는 가히 나무 중 으뜸이라고 할 만하다.

　나는 농한기인 한겨울이면 틈날 때마다 주변 산을 오르거나 임도 산책을 한다. 이때 만나는 소나무는 가장 멋진 자연의 친구다. 깎아지른 벼랑의 바위 틈새에 뿌리를 내리고 모진 추위를 이겨 내는 그 장엄한 생명력과 꿋꿋하고 고고한 자태를 지켜보노라면 움츠린 몸과 마음이 어느새 푸른 활력으로 가득 채워짐을 느끼게 된다.

소나무는 낙엽이 지는 활엽수와 달리 겨울에도 늘 푸르름을 자랑하는데, 사실 알고 보면 그게 그냥 얻어지는 게 아니다. 소나무 역시 다른 겨울나무와 마찬가지로 스스로 지방 부분을 두껍게 하고 물의 순환을 줄이면서 어렵게 혹한을 견뎌 낸다. 소나무 잎의 수명은 2~3년인데, 부단한 자기 노력을 통해 새롭게 거듭나기에 푸르름을 유지할 수 있는 것이다.

우리 집 주변 밭에도 40여 그루의 소나무가 있다. 전 땅주인이 조경수용으로 심은 것 가운데 크기가 작고 볼품이 없어 그대로 남겨졌다. 비록 버림받은 소나무지만 이후 잘 자라서 매년 봄 향긋한 송순을 듬뿍 안겨 준다. 집을 지을 당시 두 그루는 집 가까이 옮겨 심었는데 그중 한 그루는 아직도 뿌리를 제대로 내리지 못했다. 크기도 작고 잎도 연녹색으로 병색마저 띠고 있다. 그렇지만 나는 결코 포기하지 않는 그 소나무의 강인한 생명력을 계속 지켜봐 왔다. 틀림없이 강하고 멋진 모습으로 거듭날 것이라고 믿는다.

소나무가 지닌 불굴의 생명력을 지켜보는 것은 경이 그 자체다. 우리 집 주변은 돌가루(석분)와 그 위에 자갈(파쇄석)이 깔려 있다. 어느 날 현관 데크 아래를 보니, 어디선가 솔 씨 하나가 내려와 돌가루와 자갈 위로 생명의 싹을 틔운 것이 아닌가. 수분도 영양분도 말라 버린 척박한 그곳에서 곁가지는 고사하고 주가지 두 마디만 가까스로 뻗었다. 고작 한 뼘도 안 되는 크기에 몸은 야윌 대로 야위었지만 결코 자기 삶을 포기하지 않는다. 나는 매일 아침 그의 안녕을 확인하며 용기와 기쁨을 얻는다.

소나무는 결코 환경을 탓하거나 억울해하지 않는다. 열악한 환경에서도 언제나 의연하게 우뚝 서 있다. 그리고 이웃 소나무들과는 서로 뿌리를 피해 뻗으면서 땅속의 양분을 나눈다. 나뭇가지와 잎들도 햇볕을 골고루 받기 위해 공간을 서로 나눈다. 서로를 배려하며 살아가는 상생의 본보기로 부족함이 없다. 그 쓰임새는 또 어떤가. 솔잎, 송순, 송홧가루, 송이버섯, 복령(소나무 뿌리에 기생하는 땅속 버섯)뿐 아니라 죽은 사람을 위한 관부터 산 사람을 위한 집을 짓는 목재에 이르기까지 자신을 아낌없이 내어 준다.

요즘 세상을 보면 참 어지럽다. 정치도 경제도 사회도 가정도 흔들림이 큰 것 같다. 혹한에도 늘 푸른 소나무가 보여 주는 의연함과 배려의 정신이 그래서 더욱 크게 마음에 와 닿는다. 겨울 소나무가 주는 값진 교훈을 다시금 되새겨 본다.

; '축복의 작물' 고구마 예찬

　어린 시절 시골에서 열대작물인 고구마의 재배 과정을 지켜보는 것은 흥미진진한 즐거움이었다. 부모님은 3월 상순께 마당 한쪽에 땅을 판 뒤 거름을 넣고 짚을 덮고 나서 그 위에 흙을 채웠다. 그러면 아래에서 열기가 올라오는데, 이 열을 이용해 고구마 싹을 키웠다. 그리고 돋아난 싹이 얼지 않도록 위에 비닐을 씌웠다. 그런 다음 낮에는 걷어 내고 밤에는 덮어 주기를 반복하다가 5월이 되면 고구마 순을 잘라 내 밭두둑에 옮겨 심었다. 이렇게 정성을 들인 고구마 모종이 땅에 뿌리를 내리고 여름이 되어 줄기가 무성해지면 순을 채취해 나물반찬을 해먹었다. 추석 이후 서리가 내리기 전까지 본격적인 수확을 하는데, 꽁보리밥에 노랗게 파묻힌 '고구마'의 달콤한 맛은 지금도 잊을 수가 없다.

　　　　　　　　　　　　　　　　　　제1장 : 시골로 간 경제통

어릴 적 이런 추억이 각인된 때문일까. 전원생활을 시작하고부터 고구마는 매년 꼭 심는다. '땅속의 붉은 심장'으로 불리는 고구마는 이미 잘 알려진 건강식품이다. 위장을 튼튼하게 해주며 변비 예방, 노화 방지에도 효과가 있다고 한다. 무엇보다 고구마는 대표적인 친환경 효자 작물이다. 거름을 주지 않아도 되고, 농약을 치지 않아도 잘 큰다(물론 요즘 시판용 고구마는 대부분 비료와 제초·살충제를 뿌린다). 실제로 2년 연속 거름을 조금 준 땅과 전혀 주지 않은 땅에 재배한 뒤 비교해 보니, 거름을 하지 않은 고구마의 수확량과 품질이 되레 더 나았다.

이처럼 고구마는 재배하기가 비교적 용이한 편이지만 수확은 여간 어렵지 않다. 우리 밭은 농기계를 동원할 규모가 아니어서 일일이 손으로 캐야 한다. 매년 10월 중순 서리가 내리기 전에 수확을 서두르지만 혼자서 작업하다 보면 속도가 매우 느리다. 땅이 딱딱한지라 호미만으로는 어림도 없고 무거운 삼지창으로 흙덩어리를 찍어 떼어 내다시피 해야 한다.

이를 지켜보던 아내가 안 되겠다 싶으면 가족 총동원령을 내려, 나 혼자서 하면 사흘은 족히 걸릴 텐데, 아내와 두 딸이 합세해 단 하루만에 끝낸다. '가족의 힘'은 생각보다 대단하다. 농사꾼의 셈법은 1+3=4가 아니라 최소한 5 이상이라는 것도, 그것이 가족애 덕분이라는 것도 깨닫게 된다.

이렇게 수확한 고구마는 대부분 박스에 넣어 집 거실 벽면에 차곡차곡 쌓아 놓는다. 전원생활 초기에는 거실에 수확한 농산물을 쌓아 놓는 것이 뭔가 어색하고 불편했는데 지금은 거실에 쌓아 놓은 고구마 박스를 보고 있노라면 절로 배가 부르다. 과거 가난했던 시절 배고픔을 달래 주던 고구마가 겨우내 우리 가족에게도 훌륭한 양식이 되는 것이다. 따끈따끈한 고구마를 먹을 때마다 수확할 때의 가족애가 모락모락 피어나겠지. 이처럼 건강과 사랑을 선물하니 고구마는 진정 '축복의 작물'이다. 이런 작물을 하나둘 늘려 나가는 즐거움은 전원생활의 참 행복 중 하나다.

; 유쾌한 고질병 전원중독증

　강원도 깊은 산골에 사는 우리 가족은 해마다 명절 때면 거대도시 서울로 설레는 외출에 나선다. 보고픈 부모 형제, 친지를 만나러 '민족 대이동' 행렬에 기꺼이 합류한다. 그런데 이 명절 나들이는 늘 당일치기로 끝난다. 2016년 설날도 마찬가지다.

　당일치기 설 나들이는 사실 피곤하고 힘이 든다. 아직 서슬 퍼런 동장군이 심술을 부리는 새벽녘에 출발해 한밤중에 다시 산골 집으로 돌아오는 강행군을 해야 한다. 그래도 어쩔 수 없다. 아내와 내가 동시에 앓고 있는 '병(?)' 때문이다. 그 흔한 명절증후군은 결코 아니다. 그럼 혹시 암? 물론 그도 아니다. 굳이 이름을 붙이자면 일종의 '도시기피증', '도시증후군', 뒤집어 표현하면 '전원중독증', '전원집착증'이라고나 할까?

전원에서 머무를 때는 심신이 평안하고 활력이 넘치지만, 잠깐이나마 도시로 나가면 마음이 혼미하고 가슴이 답답해지며 머리가 아픈 그런 '병 아닌 병'이다.

전원생활을 시작하고 몇 년 흐르자 이 병은 거의 고질병이 되어 버렸다. 도시에 발을 내딛는 순간, 숨이 턱 막힌다. 시끄러운 소음과 뿌연 대기, 분주한 사람들과 차량들, 하늘을 가린 빌딩들, 그리고 그 속에서 엮어지는 치열한 경쟁 등 도시의 삶에 대한 내성이 점차 상실된 결과다.

해가 바뀌어도 도시를 떠나 전원으로 향하는 귀농·귀촌은 여전히 시대적 화두다. 자연에서 태어난 인간의 귀소 본능과 정부·지자체의 각종 지원책에 힘입어 베이비부머(1955~1963년생, 712만 명 추산)를 비롯한 도시인들의 전원 행렬은 중단 없이 이어지고 있다. 그러나 '느림의 삶'을 얻고자 전원에 발을 내디딘 귀농·귀촌인 가운데 상당수는 이 병 아닌 병인 '전원(자연)중독증'을 몹시 두려워하는 것 같다. 이들은 여전히 돈, 명예, 성공 등 도시적 가치를 중시하고 도시적 삶의 행태를 내려놓지 않으려고 한다. 특히 '돈'에 대한 집착이 그렇다.

주변을 보면, 적지 않은 귀농·귀촌인들이 억대 부농과 대박의 꿈에 젖어 도시보다 더욱 치열한 경쟁 속으로 스스로를 내몬다. 느림과 여유, 힐링을 얻고자 시작한 전원생활은 온데간데없고, 고소득 작물 재배와 온라인 홍보 강화 등 돈벌이에 사활을 건다. 그 결과, 과도한 노동과 스트레스가 뒤따르고 되레 건강을 크게 해치는 경우를 종종 보게 된다. 물론 실제 전원생활에 있어서의 관건은 역시 경제적인 문제다. 가족 구성원이 검소하고 안정된 생활을 할 수 있는 만큼의 소득은 반드시 필요하다. 하지만 그 이상을 추구하면 자칫 전원행의 초심을 흐리게 하고 결국 부정적인 결과만 남긴 채 끝날 수도 있다.

진정한 시골 사람이 되려면 도시의 돈과 명예 등을 내려놓고 자연이 주는 힐링과 느림, 안식과 평온을 제대로 누릴 줄 알아야 한다. 전원생활은 도시를 비워 내고 자연을 채워 가는 과정이다. 전원중독증은 그 과정에서 맞게 되는 유쾌한(?) 고질병이다.

전원생활,
낭만만 있는 게
아니다

; 시골에 대한 몇 가지 착각

　농사일로 바쁜 와중에도 나는 간간이 귀농·귀촌 관련 강의를 위해 서울과 지방을 오간다. 주로 귀농·귀촌에 관심이 많거나 이를 준비 중인 도시인들을 만나게 되는데, 이들 중 상당수는 여전히 낭만적 전원생활에 대한 환상에 빠져 있음을 보게 된다. 시골의 현실을 바로 보지 못하면 이후 전원으로 이주해도 정착하는 데 실패할 공산이 크다. 도시인의 로망인 전원생활, 그 터전인 시골에 대한 몇 가지 착각을 하나씩 짚어 보자.

　첫 번째 착각, 시골엔 물이 많다?

　2015년 강원 H군으로 귀농한 K 씨(51)는 물 때문에 낭패를 봤다. 마을을 끼고 도는 제법 큰 강이 있고, 집 옆으로는 수량이 풍부한 계곡물이 흐르고 있어, 물에 대해선 전혀 걱정하지 않았다. 더구나 산 좋고 물 좋다는 강원도 아닌가! 하지만 정작 지하수를 얻기 위해 땅속 100m가량을 팠는데도 필요한 양의 물을 얻지 못했다. 그는 "물이 귀한 시골 땅이 많다는 사실을 뒤늦게 알았다"며 사전에 제대로 확인하지 않은 것을 후회했다.

두 번째 착각, 시골은 깨끗하다?

4년 전 충북 G군으로 귀촌한 P 씨(46)는 오래지 않아 청정 환경에 대한 기대를 접어야 했다. 봄 농사철이 다가오면 하천변이나 계곡 옆에도 가축 두엄을 마구 쌓아 놓아 비가 오면 그대로 하천으로 흘러 들어가고, 수확 후에는 밭둑 어귀에 방치해 놓은 검정 비닐과 폐농자재가 그대로 쌓여 나뒹군다. 또 여름 휴가철에는 도시인들이 남기고 간 쓰레기가 넘쳐난다. 그는 "시골은 얼핏 보면 깨끗하지만 자세히 들여다보면 그렇지도 않다"고 일침을 놓았다.

세 번째 착각, 시골은 조용하다?

2014년 경북 S시의 한 시골 마을 도로변에 위치한 전원주택을 매입한 L 씨(55)는 처음에는 시골의 호젓함을 한껏 즐겼다. 하지만 얼마 지나지 않아 가끔씩 다니는 차 소리가 점점 크게 들려왔다. 봄부터 가을까지 농사철에는 트랙터, 경운기, 트럭 소리가 요란하다. 이웃집의 개 짖는 소리와 닭 우는 소리도 이젠 신경에 거슬린다. 그는 "시골이 도시보다 덜 시끄러운 것은 맞지만, 생각만큼 조용하진 않다"고 지적했다.

네 번째 착각, 시골에 살면 건강하다?

강원도 최북단의 한 산골 마을로 귀농한 지 10여 년 된 P 씨(50)는 "처음 시골에 왔을 때는 산 좋고 공기 좋은 곳에 사는 산골 사람들은 다들 건강할 것이라고 생각했다. 그러나 실제 살아 보니 당뇨, 각종 암 등 아픈 이들이 너무 많아 크게 놀랐다"고 전했다. 다른 시골 마을 또한 사정은 비슷하다. P 씨는 이에 대해 농사일이 육체적으로 고되기도 하지만 무엇보다 농약 남용이 직접적인 원인일 것이라고 진단했다.

다섯 번째 착각, 시골 생활은 여유롭다?

2012년 퇴직 후 전남 J군으로 귀농한 C 씨(60)는 봄이 와도 그 아름다움을 제대로 감상할 여유가 없다. 3월부터 11월까지는 농사일하느라 눈코 뜰 새 없이 바쁘다. 폭우가 쏟아지거나 태풍이 오면 작물 걱정, 시설 걱정에 잠을 못 이룬다. 그는 "농번기에는 마을 하천에 지천인 물고기를 잡을 시간도 없어 가끔 매운탕을 사먹기도 한다. 시골 생활을 '느림의 미학'이라고 말하지만 이를 즐길 수 있는 귀농인은 거의 없을 것이다"라고 말했다.

물론 위에 든 사례가 모든 시골에, 모든 시골 사람에게 적용된다는 것은 아니다. 애초에 생각한 대로 '조용하고' '깨끗하고' '여유롭고' '건강하고' '물이 많은' 전원생활을 누리는 이들도 분명 있을 것이다. 하지만 시골 생활의 본모습은 도시인들이 대개 그럴 것이라고 생각했던 것과 큰 차이가 있다. 이는 시골살이에서 해를 더할수록 더욱 분명하게 확인되는 사실이다.

봄부터 가을까지 귀농·귀촌 박람회나 관련 행사, 지자체·공공기관·민간단체 등에서 실시하는 각종 귀농·귀촌 교육에 참여하려는 도시민들의 발길이 분주하다. 전원생활에 대한 뜨거운 갈망과 열기가 느껴진다. 그렇다고 '전원생활은 무조건 좋은 것'이라고 생각한다면 큰 착각이다. 시골에 대한 막연한 착각에서 깨어나 실태를 바로 알고 전원행을 결행해야 후회가 없다.

⦂ 시골 공동체와 사라진 까치밥

　어릴 적 남녘의 시골에서는 겨울에 먹이를 구하기 어려운 까치 등 날짐승들을 위해 감 몇 개는 일부러 따지 않고 남겨 두었다. 이른바 '까치밥'이다. 송수권의 시(『까치밥』)에서 보듯 까치밥은 다른 이들을 배려하고 나누는 고향(시골)의 훈훈한 정을 상징한다.

　매년 급증세를 보이는 귀농·귀촌인 가운데는 이런 시골 까치밥(인정과 배려)에 대한 향수를 간직하고 있는 이들이 많다. 그리고 막연하게 이를 기대한다. 하지만 타인을 위해 남겨 놓는 시골 까치밥은 이제 더 이상 찾아보기 힘든 것이 현실이다. 무위의 자연환경에 둘러싸인 시골이지만 그 안에 사는 사람들의 모습은 도시와 별반 차이가 없다. 도시와 마찬가지로 돈과 성공, 명예를 좇는다. '나' 아닌 '우리'를 먼저 생각하고 타인을 배려하는 진정한 공동체문화는 사라진 채 그 껍데기만 남아 있다고 해도 지나치지 않다.

그럼에도 정부와 지방자치단체는 예비 귀농·귀촌인들에게 시골의 공동체문화를 강조한다. 많은 농업·농촌 전문가와 멘토들은 시골행을 준비 중이거나 막 들어온 도시인들에게 "마을공동체에 녹아들어야 한다"고 주문한다. 아는 척, 잘난 척, 가진 척하지 말고 자기를 최대한 낮추고 먼저 지역 주민에게 다가가라고 거듭 당부한다. 그러나 '까치밥'이 사라진 현재의 시골 공동체는 도시인의 개인주의, 이기주의 못지않게 시골의 집단화된 이기주의의 기형적인 모습일 수 있다. 이는 종종 외지인에 대한 텃세로 표출되기도 한다. 집성촌 성격이 강한 전통 마을이 특히 더 그렇다.

"열 살 정도 젊은 원주민에게 먼저 인사를 건네도 본체만체합니다. 체육대회 등 각종 행사에 참여해도 왕따를 당해요. 인정과 배려가 사라진 지금의 시골 공동체는 자기들만의 견고한 집단 이기주의와 다를 바 없습니다."

강원도로 귀농한 지 9년 된 J 씨(61)의 일침은 일그러진 시골 공동체의 한 단면을 보여 준다. 솔직히 지금의 농촌은 상호부조와 공동운명체로서의 일체감이 사라진 지 오래다. 원주민들끼리도 이해관계, 또는 돈 때문에 갈등을 빚는 일이 예사다. 경제협력개발기구(OECD) 국가 중 자살률 1위인 우리나라에서도 특히 농촌 노인의 자살률이 크게 높다는 사실은 과연 무엇을 의미하는가.

시골 공동체가 집단 텃세로 변질된 데는 구조적인 문제가 도사리고 있다. 2009년에 시작된 귀농·귀촌 열풍은 은퇴 또는 반퇴한 4050세대(일부 60대 초반)가 주도하고 있다. 실제로 2014년 귀촌 가구의 51.6%, 귀농 가구의 62.0%가 4050세대다. 그런데 아이러니하게도 시골에선 이 베이비부머가 기득권 세력이자 마을 리더다. 이들은 농사도 크게 짓고 수입도 안정적이다. 이장, 반장도 이들 차지다. 시·군청이나 농협에도 이들 세대가 주류다. 그렇다 보니 이들은 하나의 네트워크로 연결되어 기득권을 더욱 굳건히 한다. 농촌의 4050세대는 그래서 도시에서 들어오는 베이비부머를 가장 경계한다. 혹시 자신들의 기득권을 침해하지 않을까 해서다. 강원도 A군의 귀농·귀촌 담당 공무원은 "마을 리더로서 귀농·귀촌인들의 멘토 역할을 해야 할 이장, 반장들이 사실은 귀농·귀촌인들을 가장 경계하고 싫어하는 것 같다"고 털어놓는다.

시골에서 이장은 이미 권력이 된 지 오래다. 면별로 이장협의회가 구성되어 있어 지자체장도 눈치를 봐야 하는 실정이다. 게다가 땅·주택 매매, 부동산 개발, 각종 보조금 사업 등에 깊숙이 개입해 이권과 돈을 챙기기도 한다. 경기도 양평의 한 공인중개사는 "시골 중개업계에서 이장님은 회장님으로 통한다"고 볼멘소리를 했다. 강원도 H군의 한 이장협의회는 2015년 4월 '귀농·귀촌인들을 차별하지 않고 이들의 정착을 도와 함께 마을 발전을 이뤄 나가겠다'는 내용의 실천 결의문을 채택했다. 이는 역설적으로 귀농·귀촌인에 대한 차별 행위가 만연해 있음을 보여 주는 것이기도 하다. 이런 역기능을 낳고 있는 권력화된 이장 제도의 개선이 시급하다.

공동체는 사회적 존재로서의 인간에게 꼭 필요한 관계 집단이다. 그러나 까치밥을 남겨 두던 시골 공동체는 지금 더 이상 존재하지 않는다. 귀농·귀촌인 유입이 홍수를 이루면서 이들이 주도하는 새로운 도시형 시골 문화가 빠르게 확산되고 있다. 이제 시골 공동체는 개념으로서나 실제 모습에서 더욱 유연하고 다양해져야 한다. 귀농·귀촌인과 원주민이 동반자적 관계에서 서로의 장점을 존중하고 협력해 상생의 시너지 효과를 창출할 수 있는 방향으로 나아가야 한다. 정부와 지자체는 이런 차원에서 시골 공동체의 새로운 모델을 제시하고 적극 육성·지원해야 할 것이다.

; 원주민 VS 외지인

2010년 고향인 강원도 H군에 전원 터를 마련한 A 씨(54)는 그해 가을 화려한(?) 귀환을 했다. 도시에서 사업을 일궈 꽤 성공한 뒤 어머니 품속 같은 고향 마을에 번듯한 집을 짓고 전원생활을 시작한 것이다. 마을기금도 듬뿍 내고 각종 마을행사 때마다 적지 않은 협찬을 했다. 그러나 A 씨는 지난해 고향 마을을 다시 등졌다. "(마을 주민들이) 정착을 도와주기는커녕 갈수록 돈만 요구해 정나미가 떨어졌다"는 게 이유였다.

이처럼 역귀농·역귀촌의 그늘에는 생활 유지를 위한 소득 문제 못지않게 지역 주민의 텃세 문제가 깊숙이 자리 잡고 있다. 고향 마을에서조차 정착하지 못해 다시 떠난 A 씨의 사례는 극단적인 경우라기보다는 그만큼 시골 텃세의 뿌리가 깊고도 질기다는 것을 잘 보여 준다.

그렇다고 해서 시골 텃세를 마을 주민들의 악습으로만 몰아세울 일은 아니다. 사실 도시 직장인들도 다른 회사로 자리를 옮기거나 직종을 바꿀 때, 대개 이와 비슷한 텃세를 경험하지 않는가. 개인을 중시하는 도시의 가치와 공동체를 앞세우는 농촌의 가치는 수시로 부딪친다. 각자 그 안에서만 살아온 사고방식과 생활양식이 굳어진 탓에 텃세란 어찌 보면 불가피한 측면도 있다. 이질적인 도시 문화와 시골 문화의 충돌로 인해 갈등이 표출되기 때문이다. 텃세에 대한 귀농·귀촌인과 마을 주민 간의 입장 차이는 뚜렷하다. 원주민들은 "외지에서 들어오는 이들이 시골 마을에 녹아들려는 자세가 부족하다"고 지적한다. 군 단위 지방자치단체도 "농촌의 경우 혼자 생활하기 힘든 공동체적 삶의 공간인 만큼, 귀농·귀촌인이 먼저 지역 주민들과의 유대관계 형성에 노력해야 갈등을 줄일 수 있다"고 말한다.

반면 귀농·귀촌인들은 "요즘 시골 인심은 온데간데없고 외지인들에게 횡포를 부리거나 돈이나 우려먹는 '봉' 취급을 한다"고 꼬집는다. 심지어 귀농·귀촌한 지 10년이 넘은 이들조차 "씨족공동체 같은 시골 마을에서는 결국 일이 생기면 팔이 안으로 굽는다. 밖에서 들어온 이들은 영원한 외지인이자 아웃사이더일 뿐이다"라고 항변한다. 2009년 시작된 제2차 귀농·귀촌 붐은 1997년 말 촉발된 외환위기 당시 생계형 귀농과는 질적으로 큰 차이가 있다. 외환위기 당시에는 시골에 녹아들기 위해 '촌사람'이 되고자 했지만, 지금은 귀농이라 할지라도 단순 생계형

이 아닌 대안적 삶의 가치를 추구한다.

요즘 귀농·귀촌인들은 도시에서의 전문성과 인적·물적 네트워크, 도시 문화의 특성을 간직한 채 이를 농촌에 접목해 '도시형 농촌' '도시형 농업'으로 변화시켜 나가는 주체로 자리매김하고 있다. 이런 흐름 속에서 농촌 구성원 간 갈등도 다양한 모습으로 나타난다. 외지인과 원주민 간 갈등뿐만 아니라 원주민과 원주민 간, 외지인과 외지인 간 갈등도 표출되고 있는 것이다. 실제로 원주민이 대다수인 전통 마을에서는 마을 일을 놓고 빚어지는 신·구세대 간 불협화음이 종종 목격된다. 시골로 귀농·귀촌한 이들 간에도 이해관계가 엇갈려 서로 편을 나눠 반목하는 일이 드물지 않다.

원주민과 외지인 간 갈등 관계에서도 종전 상황이 역전되는 사례까지 나타나고 있다. 서울과 접한 경기도는 물론이고 강원도와 충청권에서도 마을 주민 중 외지인의 비율이 절반을 넘어서는 곳이 늘어나는 추세다. 이 마을들에선 외지인이 이장을 맡아 마을을 이끌면서 되레 원주민이 따돌림을 당하는 '역차별' 논란까지 제기되는 실정이다. 한 귀농·귀촌 전문가는 "베이비부머를 중심으로 한 도시인들은 농촌으로 계속 유입되는 반면 젊은 원주민들은 여전히 도시로 빠져나가고 있다"며 "향후 농촌에서 외지인 수가 더욱 늘어나고, 이들이 농촌의 변혁을 주도하는 과정에서 구성원 간 다양한 형태의 갈등이 더욱 증폭될 것 같다"고 우려한다.

정부와 지자체는 이런 다양한 형태의 갈등을 해소하기 위해 좀 더 효과적인 대책 마련을 서둘러야 한다. 아울러 원주민이든, 외지인이든 더불어 사는 인식 전환이 절실하다. 미래의 농촌은 구성원들이 서로의 다양성을 인정하고 서로의 장점을 존중하는 동반자적 관계에서 상생하는 공동체를 만들어 가는 모습이 되어야 할 것이다.

; 행복한 전원생활의 첫 번째 조건은 '이웃'

사례 1 강원도 H군의 깊은 산속에 자리 잡은 한 작은 전원 마을(6가구)에서 시골 생활을 하던 K 씨(70)는 3년 전 다시 수도권 외곽의 아파트 단지로 이사했다. 당시 K 씨와 전원생활을 함께 한 주민들은 모두 한 교회에 다니는 일종의 종교 공동체로 마을을 이루었지만, 실제로 살아보니 농사든, 생활이든 제각각 생각이 달라 마음을 모으기가 어려웠다고 한다.

사례 2 2013년 강원도 I군의 산속 계곡 위쪽에 둥지를 튼 S 씨(50) 부부는 언제부턴가 집에 갈 때면 우회도로를 이용해 거꾸로 돌아가곤 한다. 계곡 중간과 아래쪽에 먼저 자리 잡은 이웃이 많은데, 이곳을 통과할

라치면 집집마다 불러 세워 술판을 벌이는 바람에 술을 못 마시는 이들 부부에겐 여간 곤혹스러운 일이 아니었다.

사례 3 몇 년 전 경북 G시로 귀촌한 P 씨(55) 부부는 1년 정도 일찍 귀농한 이웃집과 사사건건 부딪치는 바람에 지금도 심한 마음고생을 겪고 있다. P 씨는 "일흔 살 넘으신 토박이 어르신들은 잘 대해 주시는데, 오히려 앞서 귀농·귀촌한 사람들이 '같이 굴러들어 온 돌'이면서 서로 돕지는 못할망정 원주민보다 더 텃세를 부린다"고 하소연했다.

귀농이든 귀촌이든 외지인에 대한 원주민의 '텃세'는 소득 문제, 자녀 교육과 함께 귀농·귀촌의 3대 걸림돌 중 하나로 지목된다. 그런데 사례 3에서 보듯이 귀농·귀촌한 외지인들끼리 서로 갈등을 빚기도 한다. 각박한 도시 생활을 내려놓고 느림과 안식, 힐링 등 자연의 가치를 향유하려고 전원으로 내려왔는데 예기치 않은 복병을 만나는 셈이다.

전원생활을 꿈꾸는 이들 대부분은 그 터전을 준비하고 실행하는 과정에서 땅을 구하고 집을 짓는 것에만 매달린다. 하지만 어쩌면 행복한 전원생활을 위해 가장 중요한 조건은 함께 사는 이웃이 될 수 있다. 전원생활이란 자연 속의 삶이지만, 사람은 사회적 동물이고 혼자서는 살수 없는 존재이기 때문이다.

이웃과 따뜻한 정을 나눌 수 없는 전원생활은 외롭고 삭막하기 그지없다. 전원생활을 시작할 때는 "나는 자연을 너무 사랑하고 즐길 줄 알기에 혼자서도 충분히 잘 살 수 있다"며 자신할지 모르지만, 결국 고독감을 극복하지 못하고 다시 도시로 돌아가는 사람들도 드물지 않다. 따라서 애초에 전원생활을 준비할 때부터 어떤 이웃과 함께할 것인가 고려해야 한다. 이웃 관계에 대한 보다 적극적인 마음의 준비가 필요하며, 미리 알고 대처하는 게 현명하다는 말이다. 이렇게 준비하고 시작해도 사람 사는 곳이면 어디든 크고 작은 갈등이 생기게 마련이다. 내가 운영하고 있는 인터넷 카페('박인호의 전원별곡')의 회원인 한 젊은 부부가 이런 글을 올렸다.

"장래 시골에 살터를 찾기 위해 공부도 하고 답사도 많이 다녀 보았지요. 하지만 (성공이 아닌) 실패하지 않는 귀촌을 위해서는 아름답고 멋진 자연환경이 가장 중요한 것이 아니라, 아름답고 멋있는 사람들과 함께할 수 있는 환경이 더 중요하다는 걸 알게 되었습니다."

만약 아직도 아름답고 멋진 자연환경을 갖춘 곳만 찾아다니고 있다면, 이 젊은 부부의 조언을 새겨들었으면 한다.

좋은 이웃 관계는 어떤 것일까. 농사와 전원생활에서 상생을 추구할 수 있는 관계다. 일과 취미까지 함께할 수 있다면 금상첨화다. 사실 전원생활이란 좋은 터에 그림 같은 집을 짓고 텃밭을 가꾸며 자족하는 것만으로 채워지는 것이 아니다. 초기에는 모든 것이 신선하고 아름다워 보이지만 몇 년 반복되면 매너리즘에 빠지기 쉽다. 이 때문에 '무엇을 하면서 살 것인가'라는 질문에 자신 있게 답할 수 있는 일과 취미를 갖는 것이 좋다. 이를 이웃과 함께한다면 그보다 더 좋을 수 없을 것이

다. 행복한 전원생활을 하려면 멋진 자연환경보다 좋은 이웃이 먼저라
는 사실을 잊지 말자.

┊ 진짜가 사라지고 있다

산행을 즐기는 이라면 높은 산의 등산로 초입에서 더덕 등을 풀어 놓고 파는 산골 주민을 만나 본 적이 있을 것이다. 그들은 도시에서 온 등산객들에게 더덕을 보여 주며, "바로 이 산에서 캔 '진짜' 산더덕"이라고 강조한다. 이에 일부 등산객은 지갑을 연다.

아마도 이렇게 깊은 산속이라면 진짜 산더덕이 많을 것 같고, 또한 산골 사람들의 순박함과 인심을 믿고 싶기 때문일 것이다. 하지만 이런 더덕의 대부분은 재배 더덕이다.

나는 매년 5월이면 '나물의 여왕'이라고 불리는 곰취를 뜯으러 산에 오른다. 해발 700m가 넘는 가파른 산비탈을 힘겹게 오르내리면서 한 장 한장 뜯어 모은다. 진짜 자연산은 이처럼 수량 확보가 어렵다. 강원도 산골에서 판매한다고 해서 자연산 곰취일 것이라고 생각한다면 착각이다. 내가 시골로 들어온 지 어느덧 7년째. 해를 더할수록 전원에서도 '진짜'가 빠르게 사라져 가고 있음을 지켜본다. 물론 자연에는 '진짜'만 있다. 하지만 '스스로(自) 그대로(然)'인 자연을 내세워 '진짜'라고 파는 것들 중 상당수가 '짝퉁'이라는 사실은 안타깝지만 진실이다.

요즘 여기저기서 "심봤다!"는 소리가 들린다. 산에서 산삼을 캤다는 것인데, 우리나라가 이렇게 산삼이 많이 나는 곳인 줄 예전엔 미처 몰랐다. 물론 산삼에도 등급이 있다. 인삼 재배가 크게 늘면서 새들이 인삼 열매를 먹고 산속에 배설한 인삼 씨가 발아한 하위 등급의 산삼이 최근 자주 발견된다고 한다. 하지만 국내산 산양삼(장뇌삼)을 산삼으로 속여 팔거나, 중국산이 국내산으로 둔갑하는 사례도 많다고 한다. 심지어 어린 묘삼 등 인삼을 산에다 옮겨 심어 놓고 산양삼이라고 속여 파는 행위도 드물지 않다. 나 역시 주변에서 이런 소문들을 자주 접한다. 자연산뿐 아니라 재배 농작물에서도 '진짜'를 찾아보기가 갈수록 어렵다. 유기농 된장을 만들자면 유기농업으로 재배한 콩을 원료로 확보해야 한다. 유기농 작물은 농약과 화학비료를 사용하지 않아야 한다. 과연 그럴까.

"국산 유기농 콩을 구하기란 하늘의 별따기다. 이 때문에 고유의 콩맛을 상실케 하는 제초제를 뿌리지 않은 콩이라도 찾아보지만 이마저 구하기 어렵다."

지난 10여 년간 강원도에서 유기농 된장을 만들어 팔아 온 K 씨(72)

의 하소연이다. 사정이 이런데도 수많은 유기농 된장은 도대체 어떤 유기농 콩으로 만들었을까, 알다가도 모를 일이다. 이처럼 전원에서도 '진짜'가 사라지고 있는 것은 바로 '물욕(돈)' 때문이다. 농촌 또한 이 '전염병'에 감염된 지 이미 오래다. 더 늦기 전에 자연이 간직한 무위의 순수성을 회복하고 거듭나야 할 때다.

⸸ 시골은 시골다워야 시골이다

"산 좋고 물 좋고 공기 좋고⋯⋯ 역시 시골이네!"

단풍이 막바지 절정을 이루던 2015년 늦가을, 강원도 산골의 우리 집을 찾은 몇몇 고교 동창들은 마당에 들어서자마자 하나같이 감탄사를 터뜨렸다. 다음 날 오전, 인근 아미산(961m) 산행을 마친 뒤 주변에서 제법 알려진 식당으로 안내했다. 한 친구가 차림표를 보더니 어이없다는 표정을 지으며 한마디 했다.

"어, 시골 식당이 수도권의 유명한 막국숫집보다 더 비싸네."

며칠 뒤 나는 귀농·귀촌 강의차 '대한민국 부자 동네' 서울 강남에 갔다가 한 식당에서 저녁을 먹었다. 맛있게 비운 콩나물국밥의 가격이 뜻밖에도 5000원이었다. 시골의 웬만한 식당보다 1000원 정도 더 싸고

정갈한 반찬에 맛도 더 나았다.

시계를 몇 년 전으로 되돌려 보자. 그러니까 내가 귀농한 이듬해인 2011년 여름이었을 것이다. 도시에서 온 한 지인과 강원도 동북부 내린천변의 한 식당을 찾았다. 먹는 내내 그는 푸짐한 상차림을 칭찬하며 "정말 맛있다"를 연발했다. 계산하고 식당을 나오면서 그가 한 말은 "너무 싸다"였다. 이후에도 도시의 지인들이 찾아오면 '싸고 맛있는' 그 식당을 즐겨 찾곤 했다. 하지만 불과 몇 년 사이 "정말 맛있다"던 음식 평가는 "괜찮네" 수준으로 절하되었다. 가격이 싸다고 말하는 이는 아예 없다. 시골 현지에서 파는 각종 농산물에 대한 도시인들의 반응도 엇비슷하다. 내가 전해 들은 말들을 요약하면 대략 이렇다.

"시골에서 파는 농산물이 되레 도시의 대형 마트보다 비싸다. 그렇다고 맛이 더 좋은 것도 아니다."

그해 가을, 충청도의 한 축제장에서 만난 몇몇 도시 관광객들은 이렇게 꼬집었다.

"자연산이라고 하지만 사실 중국산만 아니면 다행이지. 요즘 시골을 보면 예전의 인심은 온데간데없고 돈만 밝히는 것 같다."

나도 농촌으로 들어온 지 7년 차가 되었으니 시골 사람이다. 도시인들의 이런 일침이 듣기 불편하고 거슬릴 때도 있다. 그러나 별 대꾸 하지 못하는 것은 나 스스로도 그렇게 느끼고 있기 때문이다. 나도 직접 농사를 짓는다. 사실 땀 흘려 가꾼 감자, 고구마, 옥수수, 고추 등을 내다 팔아 봤자 별로 돈이 안 된다. 이런 농민들의 어려움을 모르는 바는

제 2 장 : 전원생활, 낭만만 있는 게 아니다

아니지만, 그렇다고 해서 그 농산물이 갖고 있는 가치 이상의 가격을 받을 수는 없는 노릇이다. 2015년에는 상반기 농협 조합장 선거와 하반기 군 의원 재선거가 치러졌다. 그동안 농촌의 각종 선거를 지켜보면서 시골의 명예·권력욕 추구 또한 지나치다는 생각을 여러 번 했다. 이번에도 마찬가지였다. 요즘 시골은 이렇듯 돈, 명예 등 도시의 가치에 무서운 집착을 보인다. 그러다 보니 "시골이 (도시보다) 더하네"라는 비판에서 결코 자유롭지 않다. 이는 결국 도시 소비자들의 외면을 초래하는 자업자득의 결과를 낳지 않을까 우려된다.

그나마 "역시 시골이네"라는 감탄사가 남아 있는 것은 자연뿐이다. 청정, 안식, 힐링 등 자연의 가치를 보존하고 키워 나가야 하는 이유다. 시골다움을 회복해야 시골의 가치가 올라가고 더불어 경제적 가치 또한 상승할 것이다. 시골이 무엇부터 추구해야 하는지는 명확하다. 시골은 시골다워야 시골이다.

; 시련의 겨울, 피할 수 없으면 즐겨라

강원도 산골의 겨울은 그해 11월부터 이듬해 3월까지 장장 5개월간 이어진다. 11월에는 절기상 입동(立冬·7, 8일)과 소설(小雪·22, 23일)이 들어 있다. 해마다 숲 속의 작은 집에서 온 세상을 하얗게 물들이는 첫눈을 바라보는 즐거움은 도시인들이 상상하는 낭만 그 이상이다. 그렇다고 흰 눈이 늘 낭만과 즐거움을 선물하는 것은 아니다. 천막창고나 차고, 비닐하우스, 집 지붕 위로 한 뼘, 두 뼘 자꾸 쌓이면 낭만은 이내 사라지고 눈 폭탄에 대한 걱정만 가득 찬다. 눈길 차량 사고는 그중 최악이다.

2010년 11월 27일, 우리 가족은 강원도 홍천 산골에서의 전원생활 첫해 첫겨울에 첫눈을 맞았다. 하늘에서 내려오는 하얀 눈꽃송이를 바라보는 느낌은 감격에 가까웠다. 그러나 첫눈이 내리던 바로 그날, 인근 면사무소 소재지에서 볼일을 마치고 돌아오는 길에 차가 쌓인 눈에 미끄러져 전복되는 아찔한 사고를 겪었다. 차는 만신창이가 되었지만 천만다행으로 나는 터럭 하나 다치지 않았다. 아내는 그 일을 두고 늘 "천사의 도우심이 있었다"고 말하곤 한다.

동장군의 서슬 퍼런 기세 또한 겨울 전원생활의 환상을 꽁꽁 얼려 버린다. 내가 사는 곳은 귀농 이듬해인 2011년 1월 한 달 내내 아침 최저 기온이 영하 20도 밑을 맴돌았다. 2011, 2012년 각각 아침 최저 영하 27도까지 찍었던 막강 추위는 2013년 1월에 이르러서 최저 영하 29도를 기록하기도 했다. 상대적으로 덜 추웠던 2014년 12월에도 아침 최저 기온이 영하 25도까지 떨어졌다. 시골의 겨울나기를 어렵게 하는 것은 추위뿐만이 아니다. 이런저런 생활의 불편함도 뒤따른다. 보일러나 수도가 어는 것은 다반사다. 우리 집의 경우에는 매년 겨울 따뜻한 집과 창고의 지하나 천장으로 침투하려는 쥐들과 한바탕 전투를 치르곤 한다. 집 안팎의 보수 유지를 위한 비용도 만만치 않다. 사정이 이렇다 보니 해마다 겨울이 되면 강원 산골에는 빈집이 부쩍 늘어난다. 봄, 여름, 가을의 3색 전원생활을 즐기던 많은 사람이 겨울 혹한과 강풍, 폭설을 피해 다시 도시로 빠져나간다. 시골 엑소더스 행렬에는 도시와 전원에 따로 집을 두고 주말에만 이용하는 사람들, 요양 온 환자와 가족들, 심지어 전원에 눌러앉은 지 오래된 이들 중 일부도 참여한다. 주인 없이 덩그러니 버려진 채 떨고 있는 산골 둥지는 보기에도 안쓰럽다. 이처럼 시골의 겨울은 혹독한 시련의 계절이다. 하지만 기나긴 동면과 침묵, 인내의 과정을 통해 진정한 쉼과 느림, 그리고 소소한 일상의 행복을 맛볼 수 있는 안식의 계절이기도 하다.

사실 시골의 겨울이야말로 가만히 귀 기울여 보면 봄, 여름, 가을보다 오히려 자연의 소리, 하늘의 소리를 더 잘 듣고 이해할 수 있다. 자기 내면을 들여다보며 혼자 있는 즐거움도 맛보고, 바람과 눈을 벗 삼아 독서삼매경에도 빠져 본다. 폭설이 내리면 산속에서 마을로 내려오는 고라니, 너구리, 꿩과 참새 등은 항상 만나는 자연의 친구다. 여기에 일상에서 모락모락 피어나는 소소한 행복도 전원생활의 참맛 중 하나다. 전원에 살다 보면 비록 현금은 없어도 이런저런 건강한 자연 먹거리가 넘쳐난다. 우리 가족 역시 한겨울에는 집에서 고구마, 감자 등을 구워 먹으면서 전원생활의 참맛인 느림의 미학을 한껏 즐긴다. 전원의 사계절 중 겨울은 12개월 중 5개월을 차지하기에 이 겨울을 빼놓고선 온전한 전원생활을 말하기 어렵다. 전원의 겨울을 내 것으로 만들기 위해서는 먼저 도시에서의 편리한 생활습관을 내려놓고 '겨울은 겨울답게 살겠다'는 마음가짐이 필요하다.

우리 집은 겨울 내내 실내 온도를 영상 15도 안팎으로 유지한다. 대신 4인 가족 모두가 내복은 기본이고 모자가 달린 인조 양털과 군인용 내피를 껴입는다. 때때로 침낭에 들어가 잠을 자기도 한다. 이렇게 생활하니 1년 내내 사용하는 난방유 사용량은 3드럼(1드럼=200ℓ)에 불과하다. 다들 걱정하는 난방비 부담을 크게 덜 수 있다(저유가 덕에 2016년 1

월 난방유 1드럼 가격은 14만 원 안팎이었다).

　많은 도시인이 새로운 인생 2막을 위해 지금 이 순간에도 계속 전원으로 향하고 있다. 인생 2막의 장으로 전원을 선택했다면 시련의 겨울 또한 피하지 말고 적극적으로 즐기라고 말하고 싶다. 그래야 비로소 행복한 전원의 사계절이 완성된다.

¦ 전원생활의 불청객 '권태'

"솔직히 눈 한번 내리고 나니 전원생활에 대한 환상이 깨지더군요."

2014년 11월 중순 강원도 시골에 소담한 전원주택을 지어 이사한 D 씨(60)는 매일매일 어린아이와 같은 설렘과 기쁨으로 전원의 축복을 노래했지만, 불과 한 달여 만에 그 열기가 확 식었다. 한 뼘 넘게 쌓인 눈을 손수 치워 보니 '전원생활은 낭만이 아닌 현실'이라는 사실을 실감했다고 한다.

서울과 강원도를 홀로 오가며 전원생활을 해온 H 씨(56)는 귀촌 5년 차다. 2년째부터 시골을 찾는 횟수가 조금씩 줄어들더니 지난겨울에는 아예 발길을 끊었다. 그의 고백이다.

"첫해는 매주 금요일만 되면 콧노래를 부르면서 짐을 꾸리곤 했지요.

그러나 이제는 그냥 무덤덤합니다. 막상 내려와도 외롭고 심심해요. 전원에 대한 애정이 식은 거지요."

이처럼 전원생활을 시작한 이들은 일정 기간마다 반복해서 찾아오는 '권태'라는 이름의 불청객과 맞닥뜨리게 된다. 전원생활 1년 차는 '낭만'이지만 2년 차는 '실망'이요, 3년 차는 '절망'이라고 그 누가 말했던가! 정도의 차이가 있을 뿐 피해 가긴 거의 어렵다. 주변을 보면 전원생활의 권태는 부지런히 농사를 지어야 하는 귀농인보다 어느 정도 경제력을 갖춰 전원생활 자체를 즐길 여력이 더 있는 귀촌인들에게 오히려 자주 나타나는 것 같다. 왜 그럴까?

D 씨와 H 씨의 사례에서 보듯 전원생활 초기에는 농촌과 자연의 모든 것이 신비하고 즐거움으로 다가온다. 하지만 시간이 지날수록 그 느낌은 반감되고 결국 고독과 무료함에 빠지게 된다. 여기에 문화·의료시설 부족 등 생활의 불편함도 한몫 거든다. 귀촌보다 정도는 덜하다고 해도 귀농 또한 권태의 늪에서 자유롭지 않다. 귀농한 지 10년 넘은 J 씨(56)는 "어떤 해엔 풍작을 거둬도 가격이 급락해 농사를 망치기도 한다. 소득에 자신이 없어지니 권태가 밀려오고 한동안 우울증까지 겪었다"고 토로했다.

전원생활의 권태가 살짝 왔다가 해소되면 다행이지만 우울증으로 연결되면 큰일이다. 자칫 전원생활의 실패로 귀결될 수도 있기 때문이다. 그렇다면 권태를 극복할 수 있는 방법은 무엇이 있을까.

먼저 시골행(行)의 목적이 뚜렷해야 한다. 그냥 남 따라서, 아니면 퇴직 후 무엇을 해야 할지 갈피를 잡지 못한 상황에서 도피하듯 시작한 시골 생활은 오래지 않아 권태의 늪에 빠지기 쉽다. 시골행의 가장 큰 목적 중 하나는 자연이 주는 진정한 쉼, 즉 힐링과 안식을 얻기 위함 아닐까. 이를 제대로 얻고자 한다면 돈, 명예, 편리함 등 도시의 가치를 점차 내려놓아야 한다. 역설적으로 권태를 불러올 수 있는 전원생활의 단순함과 소박함, 불편함에서 되레 즐거움과 행복을 찾아낼 줄 알아야 한다. 그렇기에 자발적인 가난을 받아들이려는 마음가짐 또한 필요하다.

또 하나, 전원생활의 시작부터 가급적 가족(부부)이 함께하는 게 좋다. 사실 전원의 권태와 우울을 호소하는 이들 중 상당수는 나 홀로 시골행을 강행한 남편들이다. 2014년 귀촌 가구의 50.5%, 귀농 가구의 59.2%가 나 홀로족(族)이다. 여러 속사정이 있겠지만 혼자만의 전원생활은 불안정할 수밖에 없다. 이미 전원생활을 시작한 이들은 주변에 귀농·귀촌한 이웃과 함께 음악, 목공예, 산행 등 취미 활동과 품앗이를 하면서 생활의 활력과 전원 상생이라는 두 마리 토끼를 잡을 수 있다. 지역별 귀농·귀촌협의회의 모임이나 각종 행사에 참여해 활동하는 것도 권태가 스스로 비켜 가게 만드는 한 방법이다.

꼭 권태 때문은 아니더라도 행여 전원 정착에 실패할 때를 대비한 '출구 전략'을 마련할 필요가 있다. 출구 전략의 초점은 결국 전원에 소유한 땅과 집의 손쉬운 처분에 맞춰져야 한다. 그러려면 애초에 입지를 선택할 때 전원의 쾌적성은 기본이고 고속도로 나들목이나 복선전철역 주변 등 도시 접근성이 좋은 곳을 골라야 한다. 또 집(대지 포함)은 3억 원 이하로 작지만 건강에 좋고 에너지가 적게 드는 실속 주택이 매매에 유리하다.

전원생활에서 권태라는 복병은 언제 느닷없이 찾아올지 모른다. 아직 초보 귀농·귀촌인 뿐 아니라 꽤 오래전부터 시골에 살고 있는 사람이라도 안심할 수 없다. 조금씩 조금씩 일상으로 스며드는 권태에 대비하려면 위에서 말한 대로 마음의 준비, 생활의 준비를 잘해야 한다. 실패는 가능성과의 싸움이다. 얼마나 줄이느냐가 관건이다. 생각보다 크지 않은 준비와 대처로도 전원생활의 실패를 예방할 수 있다.

03

전원생활도
전략이
필요하다

; 자연이 주는 불편함까지 기꺼이 즐겨라

　요즘 TV를 보면 도시를 내려놓고 청정 오지에 묻혀 사는 다양한 모습의 '자연인'을 다루는 프로그램이 인기다. 또 한편에선 저 푸른 산과 들에 지어진 그림 같은 집과 거기에 사는 이들에 대한 이야기도 세간의 관심을 끈다. 그만큼 각박하고 치열한 삶에 지쳐 버린 도시인들에게 대리만족을 주기 때문 아닐까.

　"전원에 산다는 것은 힐링을 넘어 행복 그 자체인 것 같아요."

　얼마 전 지인이 사는 강원도 홍천의 한 전원주택에서 하룻밤을 묵었다는 Y 씨(52). 중소업체 대표로 서울에 살고 있는 그는 무한경쟁에서 살아남기 위해 매일 전쟁을 치른다고 했다. 잠시 머리를 식힐 겸 들른 산골에서 그는 잠깐이지만 자연과의 순전한 교감을 맛봤다고 한다. 자연의 아름다움과 청량감, 안식은 그에게 벅찬 감동이었다. 그는 머지않은 장래에 전원생활을 하기로 결심하고 현재 준비 중이다.

하지만 Y 씨가 전원으로 들어가 온전한 자연인이 될 수 있을지는 미지수다. 실제 전원생활이란 낭만이 아닌 현실이요, 진정한 자연인이 되기 위해서는 극복해야 할 과정 또한 만만찮기 때문이다. 전원에 살다 보면 도시에서 막연하게 품었던 환상이 십중팔구 깨진다. 소득, 텃세, 자녀 교육 문제 등 3대 화두뿐 아니라 살면서 불가피하게 맞닥뜨리는 각종 시련 또한 감내하지 않으면 안 되는 까닭이다.

나 역시 귀농 직후 크고 작은 일들을 겪었다. 귀농 첫해 첫눈이 내리던 날, 우리 가족은 눈길에 차량이 미끄러져 전복되는 아찔한 사고를 경험했다(천만다행으로 다치지는 않았다). 또 아침 최저 영하 29도까지 떨어지는 살인적인 한파도 겪었다. 여름과 가을에는 집 주변에 수시로 출몰하는 뱀, 말벌과의 전쟁을 치러야 했다.

편리한 도시 생활이 몸에 밴 많은 이들은 시간이 지날수록 이런 전원생활의 불편한 진실에 적응하지 못하고 힘들어한다. 최악의 경우 다시 도시로 발길을 돌린다. 전원생활 초기 적응기는 낭만보다 차라리 군대식 극기 훈련 과정으로 받아들이라고 충고하고 싶다. 초기 2~3년이 관건이다. 도시로의 U턴 또한 대개 이 기간에 발생한다. 특히 귀농인보다 귀촌인이 이런 춥고 외롭고 불편한 전원생활을 훨씬 힘들어한다.

그렇다면 전원에서의 극기 훈련은 어떻게 해야 통과할 수 있을까. 남자들은 군복무 기간 중 "피할 수 없으면 즐겨라"라는 말을 자주 듣는다. 자연에서의 삶도 마찬가지다. 각종 불편함까지 즐길 줄 알아야 한다. 우리 가족은 11월부터 이듬해 3월까지 장장 5개월에 걸친 혹독한 강원도의 겨울에도 실내 온도를 영상 15도 안팎으로 유지한 채 생활한다. 봄~가을에는 뱀들의 위협 속에서도 맨발로 산책하기를 즐긴다. 이젠 농사일을 하면서 우의에 떨어지는 빗방울 소리까지 아름다운 멜로디로 받아들일 수 있게 되었다.

많은 경험 사례를 보면, 시골 정착에 성공한 이들과 실패한 이들을 가르는 것은 결국 전원생활을 즐기느냐 그러지 못하느냐에 달려 있다. 지루한 장맛비와 태풍이 불어도, 폭설이 내려도 그걸 즐길 줄 알아야 한다. 그래야 그런 과정에서 쉼과 평화를 얻을 수 있다. 초기 2~3년의 극기 훈련 과정을 무난히 극복하면 전원에 뿌리를 내리게 되고, 5년 정도 지나면 성공적으로 안착하게 된다.

전원생활이란 결국 자연과 인간이 함께하는 삶이다. 자연에 거스르는 것처럼 어리석은 짓은 없다. 자연은 순응하는 인간을 품어 준다. 자연에 순응하는 것이 곧 느림의 미학이다. 비록 물질적으로는 부족하지만 자발적인 가난을 받아들이고 안분지족하는 삶을 사는 사람들은 자연이 주는 각종 불편함까지도 기꺼이 즐긴다. 그들은 도시로 돌아가고픈 생각이 "전혀 없다"고 말한다. 현실 그대로의 전원생활을 받아들이고, 그것을 내 것으로 만들 때 비로소 자연이 주는 진정한 여유와 느림, 힐링, 행복을 맛볼 수 있다.

; 전원생활은 낭만이 아니라 현실이다

2016년 현재, 귀농보다 귀촌 열풍이 거센 것은 분명한 사실이다. 그렇지만 농촌 지방자치단체마다 도시민 유치에 사활을 걸고 있어 이 과정에서 혹 거품이 끼지나 않았을까 하는 의구심이 들기도 한다. 근래 들어선 '2020년 귀농·귀촌 100만 시대' 등의 현란한 문구를 내세워 귀농·귀촌 열풍을 돈벌이 수단으로 이용하려는 움직임도 나타나고 있어 우려스럽다.

내가 농촌 이주 흐름의 대세로 자리 잡은 귀촌 열풍에 대해 경계하는 것은 '너도 가니 나도 간다' 식의 무분별한 전원행을 부추기지 않을까 염려되어서다. 도시민들이 귀촌을 너무 쉽게 생각해 치밀한 계획과 준비 없이 결행하면 정착에 실패할 가능성이 높다. 실제로 막상 귀촌

생활을 시작했지만 소득 문제, 자녀 교육, 원주민 텃세 등의 현실적인 벽에 부딪혀 좌절을 맛본 이들이 적지 않다. 정부는 "농촌 이주 2~3년 내 다시 도시로 돌아간 역귀농·역귀촌 비율이 1.9%에 불과했다"(2015년 조사)고 밝혔지만, 이는 내가 현장에서 느끼는 체감 현황과 거리가 있다. 강원도 H군의 귀농·귀촌 담당자는 "2013년 한 해 귀농·귀촌한 이들에 대한 실태 조사를 해보니 1년도 채 안 되어 돌아간 역귀촌이 13%에 달했다"고 말했다. 처음 이주한 농촌에 적응하지 못하고 다른 농촌 지자체로 옮겨 간 '철새 귀농·귀촌인'이 8.8%로 역귀농·역귀촌(1.9%)보다 4배 이상 많다는 조사 결과 또한 시사점이 크다. 그만큼 준비 안 된 전원행을 강행했다는 방증이다.

귀촌하면 누구나 오롯이 전원생활을 즐길 수 있을 것이라고 생각한다면 큰 착각이다. 오히려 일자리를 구하거나 펜션, 가공식품, 음식점, 체험·관광시설 등 귀촌 창업을 통해 먹고사는 문제를 해결해야 하는 귀촌인이 태반이다. 일단 귀촌한 후 2~3년 지나 귀농을 접목해 6차 산업에 도전하는 이들도 많다. 이렇게 블루오션으로 여기고 뛰어드는 귀촌 창업 분야에서는 이미 치열한 서바이벌 게임이 진행되고 있다. 2012~2014년의 경우만 봐도 귀농·귀촌 인구는 무려 10만 4018가구이며, 그중 귀촌이 7만 731가구(68%)나 된다. 앞으로도 한동안 귀촌 행렬이 이어질 것을 감안하면 향후 6차 산업 등 귀촌 창업 영역에서 귀촌인끼리의 생존 경쟁이 격화될 전망이다.

귀촌의 현실은 이렇다. 결국 귀촌은 유행에 따른 즉흥적·낭만적 결정이 아니라 인생 2막의 삶에 대한 진지한 고민 끝에 선택해야 한다. 그 길은 두 갈래가 있다. 하나는 '자발적인 가난'을 받아들이고 자연을 벗 삼아 안분지족하면서 사는 길이요, 다른 하나는 도시 못지않은 치열한 경쟁을 감내하며 성공을 추구하는 길이다. 가끔 나를 찾아오는 친구나 지인들은 한결같이 "나도 전원생활을 하고 싶다"며 조언을 구한다. '전원 전도사'를 자임하는 나지만 10명 중 9명꼴로 일단 만류한다. 왜냐하면 어느 길을 선택해 어떻게 걸어갈 것인지에 대한 준비가 전혀 되어 있지 않기 때문이다.

전원생활은 낭만이 아니라 현실이다. 귀촌을 꿈꾸는 당신이 그 소망을 이루려면 먼저 정확한 현실 인식이 필요하다.

; 왜 도시를 떠나 시골로 가는가

"농민이 되면 보조금 지원에다 세금이나 보험료 감면 등 각종 혜택이 많다고 들었습니다. 퇴직하면 시골로 들어가 혜택받으면서 농사나 지어야겠어요."

"솔직히 죽느니 사느니 해도 지금의 농촌은 역대 정권이 엄청난 예산을 쏟아부어 유지되어 온 것 아닌가요. 그 돈은 도시민이 낸 세금에서 나온 거지요."

"툭하면 농민들이 농촌을 지켜 왔다고 말하는데, 사실 지켜 온 게 아니라 못 떠난 거겠지요. 농촌을 지켜 온 건 농산물 구입과 농촌체험·관광에 돈을 지불한 도시인들입니다."

도시 사람들을 만나 대화를 나누다 보면 의외로 농촌이나 농민에 대해 부정적인 시각을 갖고 있음을 발견하게 된다. 공감하는 부분도 없지 않지만, 농촌과 농민에 대한 일종의 편견과 이기심이 밑바탕에 자리 잡고 있는 것 같아 안타깝다.

2015년 여름, 농림축산식품부에서 사업비를 지원해 완공했거나 조성 중인 '체류형 농업창업지원센터' 사업장 몇 곳을 둘러볼 기회가 있었다. 이곳은 귀농·귀촌을 계획하고 있는 이들이 짧게는 3개월, 길게는 1년 간 거주하면서 영농체험 및 정착교육을 받고 땅과 집 마련, 작물 선택 등 귀농 준비와 실행을 돕기 위한 시설이다. 그런데 해당 지방자치단체 관계자들은 한결같이 입주(예정)자들의 자세에 큰 우려를 나타냈다.

"월세도 주변 시세보다 크게 저렴하고 개별 텃밭과 맞춤형 교육 등 상당한 특혜를 주는 셈인데도 이것 해달라, 저것 해달라 무리한 요구가 너무 많습니다."

"상당수는 공직, 대기업 등에 몸담았던 분들이라 그런지 농촌과 농민을 내려다봅니다. 원주민의 텃세 못지않게 향후 갈등 유발 요인이 될 것 같아요."

"심한 경우에는 우리(도시인)가 농촌을 먹여 살렸으니 각종 귀농·귀촌 지원은 당연한 것 아니냐. 빨리 내 보따리 내놓으라고 하는 분들도 있습니다."

'내 보따리를 요구한다'는 대목에서 나는 할 말을 잃었다. 있는 혜택, 없는 혜택 모두 달라고 떼쓴다는 말처럼 들렸다. 하긴 이미 귀농·귀촌 한 이들 가운데도 "은퇴 전까지 세금 꼬박꼬박 내고 농촌 먹여 살리는

데 기여했으니 이젠 내 몫 좀 찾아 먹자"며 노골적으로 말하는 이들도 있다. 마음가짐이 이렇다 보니 귀농·귀촌한 이들끼리도 서로 먼저 지원 혜택 등을 차지하기 위해 경쟁하고 이해관계에 얽혀 편을 나눠 반목하는 일이 잦다. 귀농·귀촌 열풍이 불면서 각종 매체에 소개된 수많은 성공 스토리와 휴먼 스토리의 이면에는 귀농·귀촌인의 이런 일그러진 자화상이 은밀하게 숨어 있는지도 모른다(물론 나 역시 이런 비판에서 자유롭지는 않다).

도시민이 전원으로 향하는 이유는 무엇인가? 성공인가, 아니면 행복인가? 생태주의적인 삶인가, 아니면 그저 유유자적하는 삶인가? 상생하는 삶인가, 나 혼자 잘 먹고 잘살기 위함인가? 농민이 되고 싶은가, 아니면 전원인이 되고 싶은가?

시골 생활에 대해 관심이 있거나 더 나아가 이를 준비하고 있는 이들이라면 아마도 이에 대해 수없이 자문자답해 보았을 것이다. 도시를 떠나 농촌에서 새로운 삶을 산다는 것은 단순한 이사가 아니다. 내 가치관과 삶의 방식을 송두리째 바꾸는 인생의 대전환이다. 그런데 농촌은 도시인들이 생각하는 것만큼 환상적이지도, 여유롭지도 않다. 2014년 기준 65세 이상 인구 비율인 노령화율이 39.1%, 농가 경영주 평균 연령이 66.5세에 이르는 늙고 침체된 곳이요, 연 농업 소득 1000만 원 미만 농가가 전체의 64%에 달하고, 도시 근로자 가구의 소득 대비 농가 소득비율은 61.5%에 불과할 정도로 먹고살기 힘들다. 귀농·귀촌은 이처럼 위기에 처한 농촌·농업을 구할 수 있는 하나의 대안으로 기대를 모으고 있다. 그러나 정부나 지자체의 각종 지원 혜택만을 챙겨서 들어오겠다거나, 아무 일도 하지 않고 지역에 무임승차하겠다는 자세는 개인적으로나 지역적으로나 바람직하지 않다.

도시민의 급속한 유입으로 변화의 길목에 선 농촌은 상생의 귀농·귀촌인을 필요로 한다. 상생은 일방적인 희생과 봉사를 의미하진 않는다. 지역 주민은 물론이고 먼저 귀농·귀촌한 이들과 더불어 사는 삶을 말한다. '내 보따리'가 아닌 '우리 보따리'가 귀농·귀촌을 준비하고 결행하는 이들의 초심에 각인되어야 하지 않을까 생각해 본다.

; 전원생활 준비, 공부부터 시작하라

2015년 늦봄, 저 멀리 동네 건너편 산자락에 전원주택 한 채가 뚝딱 지어졌다. 집 앞으로 강이 흐르니 얼핏 보면 배산임수의 명당이다. 아마도 그 집 주인은 "이보다 더 즐거울 순 없다"며 행복한 전원을 노래했으리라.

그러나 여름, 가을을 보내고 맞은 그해 겨울, 그 집에선 모락모락 피어올라야 할 굴뚝 연기도, 아무런 인기척도 없었다. 햇볕 한 점 들지 않는 정북향에 덜컥 터를 잡았으니 엄동설한을 어찌 버텨 내겠는가. 무식하면 용감하다고 했던가. 이렇듯 전원에서는 앞뒤 따져 보지 않고 일을 벌여 놓고서는 뒷감당을 못해 고생하는 이들을 자주 보게 된다. 미리 공부하고 철저하게 준비하지 않은 탓이다. '아는 만큼 보인다'는 말은 전원생활에도 그대로 적용된다. 어떤 이들은 "내 돈 가지고 땅 사고 집 짓고 살겠다는데 뭐가 더 필요한가?"라고 반문할 수도 있다. 하지만 이는 착각이다. 도시에서 가까운 곳에 주말 주택을 짓고 산다고 할지라도, 이 또한 미리 공부하고 준비하지 않으면 낭패를 볼 수 있다. 시골 정착에 어려움을 겪고 있는 한 지인은 "도시 사람과 시골 사람은 DNA가 다른 것 같다"고 하소연한다. 그만큼 도시사회 문화와 농촌사회 문화의 간극이 크다. 전원행을 두고 '사회적 이민'이라고 하는 것도 이 때문이다. 그저 막연한 기대감과 환상만 가지고 전원으로 들어가는 것은 모험에 가깝다. 그 결과는 최악의 경우 원치 않는 '귀도(歸都)'로 끝난다.

전원생활을 꿈꾸는 이들의 질문은 한결같다. 은퇴 후에 내려가고는 싶은데 도대체 무얼, 어디서부터 준비해야 할지 막막하다는 것이다. 이 막막함을 최근에는 많이 줄일 수 있게 되었다. 이전에는 필요한 정보도, 교육도 부족했기 때문에 불안감을 떨쳐 낼 수 없었다. 그러나 요즘엔 다양한 귀농·귀촌 정보와 교육 기회가 넘쳐나 미리 공부하고 준비하면 성공적으로 연착륙할 수 있다.

귀농·귀촌 교육은 무료 또는 저렴한 비용으로 가능하다. 먼저 전원생활 후보지로 점찍은 지역의 지자체와 산하 농업기술센터의 문을 두드려 본다. 그 지역 전원생활에 필요한 맞춤형 정보와 교육을 받을 수 있다. 지금 살고 있는 수도권에서도 배움의 기회는 열려 있다. 서울시농업기술센터(agro.seoul.go.kr)를 비롯해 경기도농업기술원(nongup.gg.go.kr)과 경기농림진흥재단(greencafe.gg.go.kr), 그리고 경기도 각 시군 산하 농업기술센터가 그곳이다.

여러 민간·공공기관에서 시행하는 다양한 온·오프라인 귀농·귀촌 교육 과정은 선택의 폭이 넓다. 정부 공모를 통해 선정된 민간 오프라인 교육 과정(귀농 기초·중급·심화 과정, 귀촌 생활 과정)은 매년 약 40개에 이른다. 교육생은 교육비의 70~80%를 국고에서 지원받는다.

범람하는 정보 홍수 속에서 어디를 찾아 무엇을 배워야 할지 혼란스럽다면 이곳을 접속해 보자. 먼저 귀농·귀촌종합센터(www.returnfarm. com)는 각종 귀농·귀촌 상담과 교육 등에 대한 종합적인 정보를 제공한다. 농업인력포털(www.agriedu.net)에서는 온라인 귀농·귀촌 교육을 받을 수 있다. 이 밖에 인터넷 카페 귀농사모(cafe.daum.net/refarm), 지성아빠의 나눔세상(cafe.naver.com/kimyoooo), 박인호의 전원별곡(cafe. naver.com/rmnews) 등을 추천한다. 이렇게 미리 공부하고 준비해야 하는 이유는 시행착오를 줄이기 위해서다.

2009년 불붙은 귀농·귀촌 열풍이 벌써 8년째 접어들었다. 베이비부머를 필두로 한 전원으로의 '귀소(歸巢)' 행렬은 당분간 이어질 것으로 전망된다. 행복한 전원생활을 꿈꾼다면 미리 철저하게 준비해야 한다.

⁝ 이왕이면 '트랜스포머 전원인'이 되라

"산 좋고 물 좋은 곳으로 귀촌하려는데 여의치 않네요. 땅값이 너무 비싸서……."

2015년 조기 퇴직하고 전원생활 터를 물색하고 있는 K 씨(52, 경기 용인시)의 푸념이다. 그는 강원과 충청지역을 점찍고 여기저기 둘러보고 있는데, 생각보다 땅값이 비싸 고민에 빠졌다.

그런데 K 씨는 왜 자신의 전원행을 '귀촌'이라고 했을까? 귀농과 귀촌은 둘 다 주거지를 도시에서 시골로 옮기는 것이지만, 소득의 조달 및 전원생활 방식이 다르다. 귀농은 농사를 지어 생활에 필요한 소득의 상당 부분을 조달하는 반면에, 귀촌은 농업 이외의 부문 예컨대 연금, 이자, 임대소득이나 펜션, 식당, 체험시설 등의 운영을 통해 소득을 얻는다.

그러나 정작 현실에서는 이런 귀농과 귀촌의 경계가 모호하다. 현재 귀농인이 되려면 법적으로 농업인 자격만 갖추면 별문제 없다. 관련법상 농업인의 요건을 요약하면 1000㎡(302.5평) 이상의 농지(비닐하우스 등 시설 영농은 330㎡, 100평)에서 영농 활동을 하는 자로, 농지원부와 농업경영체(농업인임을 증명하는 일종의 '신분증') 등록을 하면 된다.

당초 전원생활을 목적으로 하는 귀촌일지라도 집이 들어선 대지 외에 농지를 1000㎡ 이상 확보해 농사를 지으면 농업인이 될 수 있고, 당연히 귀농인도 될 수 있는 것이다.

자신의 전원행을 귀촌이라고 규정한 K 씨가 작은 전원주택을 짓고 텃밭을 일구며 살고자 하는 땅의 크기는 1653㎡(약 500평) 규모다. 농지 1000㎡는 충분히 확보할 수 있다. 따라서 K 씨는 농지원부와 농업경영체 등록을 하고 농업인이자 귀농인으로 전원의 꿈을 이룰 수 있다. 그럼에도 불구하고 K 씨처럼 퇴직했거나 사업을 접은 상태임에도 자기 자신을 귀촌이라고 단정 짓는 이들이 의외로 많다. 정부 통계에 따르면 2014년 귀농 인구는 1만 1144가구지만 귀촌 인구는 그보다 3배 더 많은 3만 3442가구에 달했다. 이들 귀촌인 중 상당수는 K 씨와 같은 '자발적 귀촌'으로 추정된다.

그럼 귀농은 어떨까. 2014년 귀농 인구 1만 1144가구 가운데 절반 이상은 엄밀하게 따지면 '무늬만 귀농'일 뿐 실상은 귀촌이다. 정확한 통계는 없지만 이는 공공연한 사실이다. '무늬만 귀농'이 늘어나는 이유는 각종 귀농지원책이 주는 매력 때문이다. 그래서 많은 이가 '진실'은 귀촌

제 3 장 : 전원생활도 전략이 필요하다

이지만 농업인의 자격을 갖춰 귀농으로 변신한 것이다.

실제로 농업인이자 귀농인에게 주는 혜택은 많다. 우선 전원생활의 물적 기반이 되는 땅과 집을 마련하는 데도 크게 유리하다. 농지와 임야 구입자금, 농업시설자금(한도 3억 원)은 물론이고 전원주택 신축 및 매입자금(한도 5000만 원)도 대출받을 수 있도록 지원한다(연리 2%, 5년 거치 10년 분할 상환 조건). 심지어 일부 지자체에서는 1000만 원 넘는 정착금을 주거나 농기계 구입, 집수리와 이사 비용 등을 지원하기도 한다. 이뿐만이 아니다. 농업인이자 귀농인은 통상 귀촌하는 외지인들이 주로 매입하는 관리 지역 땅보다 크게 저렴한 농지(농업진흥구역)와 임야(보전산지)를 사서, 그곳에 농업인에게만 혜택을 주는 농업인 주택을 지을 수도 있다.

따라서 귀촌이라 하더라도 농업인, 귀농인에게 주는 이런 정부의 지원책을 잘만 활용하면 전원의 꿈을 좀 더 앞당길 수 있고, 이후 전원 연착륙도 한결 수월해진다. 이는 불법이 아니다. 오히려 정부의 농업 정책이나 귀농·귀촌의 흐름에 비춰 볼 때 바람직한 방향이기도 하다. 또한 많은 귀농·귀촌 선배와 농업 전문가들은 "일단 귀촌한 다음 2~3년 정도 시골 생활에 뿌리를 내린 뒤 귀농으로 전환하라"고 조언한다. 또 "애초 귀촌인도 향후 농업을 접목해 높은 소득을 창출할 수 있다"고 말한다.

따라서 전원행을 준비하는 이들(귀촌인)은 가능하면 농업인이자 귀농인이 되는 것이 좋다. 물론 이때의 귀농인은 단순히 귀촌인에 대비되는 개념이 아니라 귀농과 귀촌을 융·복합한 진화한 '반귀농·반귀촌인'을 의미한다. 귀농과 귀촌의 영역을 자유롭게 넘나드는 '트랜스포머 전원 인'이기도 하다. 정부나 지방자치단체 역시 획일적인 구분으로 귀농 지원에만 치중할 것이 아니라 귀촌이 압도적인 현실을 제대로 인식하고, '농업·농촌=6차 산업'이라는 정책 목표에도 부합하는 '반귀농·반귀촌' 을 장려해야 한다.

나쁜 멘토를 조심하라

강원도 산골의 2월은 절기상 입춘(立春·4, 5일)에 접어들어도 여전히 겨울의 연장선상에 있다. 내가 살고 있는 강원도 홍천군 산골의 경우 아침 최저기온이 영하 20도 밑으로 내려간 적도 있다. 그럴수록 새봄에 대한 설렘과 기대감은 더욱 고개를 든다. 치열한 경쟁과 삭막한 도시를 내려놓고 전원에서 좀 더 여유로운 인생 2막의 새로운 삶을 꿈꾸는 예비 귀농·귀촌인들의 마음 또한 이렇지 않을까.

새 희망을 가득 품고 전원생활을 준비하지만 한편으론 엄습하는 불안감을 지울 길이 없다. 사회에 첫발을 내디딘 젊은이에게 직장 선배의 조언과 배려의 손길이 필요하듯이, 귀농·귀촌의 첫걸음에도 그 누군가의 도움이 절실하다. 그 누군가가 바로 '귀농·귀촌 멘토'다. 농사도, 시골 생활도 모르는 걸음마 단계의 이들에게 귀농·귀촌 멘토는 어찌 보면 아이를 보살피는 엄마 같은 존재다. 정부와 지방자치단체에서는 귀농·귀촌 준비부터 실행, 정착에 이르기까지 멘토의 역할이 매우 중요하다고 보고 이를 육성하기도 한다. 전원 멘토를 양성하는 교육 과정도 있다.

귀농·귀촌 멘토는 귀농·귀촌 상담 설계사, 귀농 닥터, 귀농·귀촌 현장 코디네이터, 귀농 현장 지도교수, 선도 농업인 멘토 등 그 이름도 다양하다. 여기에는 먼저 시골에 내려와 성공적으로 정착한 귀농·귀촌 선배는 물론 마을 이장이나 유지, 귀농 담당 공무원, 고소득 작목 재배 농민, 농협 직원 등이 두루 포함된다. 이외에 '자칭 멘토'도 수두룩하다. 분명 '좋은 멘토'는 예비 또는 새내기 귀농·귀촌인들의 시행착오를 줄여 농촌에 연착륙할 수 있도록 도와준다. 문제는 자칭 멘토까지 넘쳐나다 보니 자질이 떨어지는 '저질 멘토'와 자신의 목적을 위해 예비·초보 전원인들을 이용하려는 '나쁜 멘토'도 일부 있다는 것이다.

강원도의 한 전문 농업인은 "땅 사고 집 짓고 소득 작목을 선택하는 일은 예비 귀농·귀촌인들이 직면하는 최대 애로 사항이다. 그런데 일부 귀농·귀촌 멘토는 이를 이용해 자신의 땅이나 농산물, 모종·묘목 등을 비싸게 팔아 잇속을 챙기기도 한다"고 꼬집었다. 그는 "정부와 지자체에서 멘토 활성화에 적극 나서고 있지만 멘토의 '선을 넘는' 행위로 인한 부작용도 점차 커지는 것 같다"며 "좀 더 엄격한 선정 및 사후 관리가 필요하다"고 지적했다.

실제 귀농 관련 인터넷 카페에는 이 같은 장사꾼 멘토나 사기꾼 멘토에게 피해를 본 사례가 종종 올라온다. 오래전에 경상도로 내려간 한 귀농인은 "일부 선배 귀농인 멘토나 원주민 농부 멘토들이 예비·초보 귀농인을 이용해 돈벌이를 하거나 노동력을 착취하다시피 하는 사례를 직접 보고 들었다. 귀가 여린 이들은 조심해야 한다"고 충고했다. 나도 주변에서 멘토격의 선배 귀농·귀촌인들이 자기 땅을 시세보다 비싸게 떼어 팔았다가 나중에 갈등을 빚는 사례를 간혹 보았다.

　베이비부머의 본격적인 은퇴와 맞물려 점화된 귀농·귀촌 열풍은 시대적 트렌드로 자리 잡았다. 그러나 일부 나쁜 멘토가 이를 돈벌이 기회로 악용하지 않을까 우려스럽다. 인생 2막 귀농·귀촌은 삶을 통째로 바꾸는 인생의 대전환이다. 예비 귀농·귀촌인들은 도시와 전혀 다른 환경에서 모든 것을 하나씩 개척해 나가야 한다. 때론 멘토의 도움을 받아야겠지만 전적으로 의존해서는 안 된다. 자립하겠다는 마음가짐과 노력이 가장 중요하다. 아울러 정부와 지자체가 멘토 부작용에 대한 예방책을 마련하는 것도 필요하다.

; 도시의 시간 내려놓기

　숨 가쁜 도시를 내려놓고 시골로 귀농이나 귀촌을 하게 되면, 이후 도시에 나갈 일이 별로 없다. 물리적 거리나 비용 때문만은 아니다. 인간이 만든 도시의 시간과 원래부터 있던 전원의 시간이 전혀 다른 까닭이다. 거대한 도시의 시계는 그야말로 눈코 뜰 새 없이 팽팽하게 돌아간다. 도시인들은 그 속에 매몰된 채 치열한 생존경쟁을 벌이며 살아간다. 내 시간은 존재할 여지가 없다. '빨리빨리'는 도시의 시계가 만들어낸 고질병이다. 반면 전원의 시간은 오롯이 내 소유가 된다. 도시와 마찬가지로 열심히 땀 흘려 일하지만, 전원의 시계에 맞춰 사계절을 매 순간 느끼고 천천히 음미한다. 전원생활을 '느림의 미학'이라고 하는 것도 이 때문이리라.

전원생활 7년 차인 나는 분주한 농사철인 봄부터 가을까지는 농사보다 다른 일로 더 바쁘다. 강원도 홍천의 산골에서 서울과 경기는 물론이고 대구, 여수와 보성 등지까지 먼 길을 왕복하곤 한다. 전원에서 행복한 인생 2막을 꿈꾸는 이들에게 귀농·귀촌 길라잡이 강의를 하기 위해서다. 근래 귀농·귀촌 교육생들을 보면 젊은층과 여성들이 부쩍 늘었다. 특히 남성들에 비해 전원생활에 소극적이던 여성들의 참여가 두드러진다. 전원생활에 대한 도시인들의 이 같은 뜨거운 관심은 귀농·귀촌 열풍으로 이어졌다.

본격적인 은퇴기를 맞은 베이비부머의 탈출구이든, 아니면 새로운 삶의 가치를 위한 선택이든지 간에, 귀농·귀촌 열풍은 고령화와 공동화로 신음하고 있는 농어촌을 되살릴 수 있는 하나의 대안임에 틀림없다.

하지만 근래의 귀농·귀촌 흐름은 도시의 시계에 맞춰진 과속 질주인 것 같아 걱정이다. 귀농이든, 귀촌이든 '빨리빨리'는 실패를 부를 가능성이 높다. 느리게 살겠다고 농촌으로 와서는 정작 전원의 시간은 맛보지도 못한 채 도시에서처럼 늘 쫓기듯 산다면 귀농·귀촌이 과연 무슨 의미가 있을까?

전원생활은 곧 자연에 순응하는 삶이다. 그건 자연의 시계에 맞춰 산다는 의미이기도 하다. 자연에 순응하는 삶은 느리게 사는 것이고, 그것을 위한 준비와 실행, 그리고 정착 과정 또한 서둘러서는 안 된다. 도시의 시계를 내려놓을 때 비로소 전원의 시간은 내 것이 된다.

⋮ 월 100만 원이면 시골에서 살 수 있을까

"월 100만 원이면 부부가 전원생활을 할 수 있다는 것을 보여 줍시다."

몇 년 전, 한 출판사로부터 책을 내자는 제안을 받았다. 출판사 관계자는 본인이 베이비부머라면서 "나도 몇 년 후 은퇴하면 시골로 내려가려고 한다. 주변을 보면 비슷한 생각을 하는 사람이 참 많은데 이들에게 희망을 주고 싶다"고 출간을 제의한 이유를 설명했다. 그의 전원생활 계획은 이랬다. 시골 땅과 집은 기존에 보유하고 있는 도시 부동산을 처분해 마련한다. 이후 실제 생활비 확보가 관건인데, 먹거리 대부분은 자급식 텃밭농사를 통해 해결한다. 나머지 생활비는 연금으로 50만 원가량 확보하고, 부족분 50만 원은 농번기 때 품을 팔아 충당한다.

그의 출간 제안에 대해 나는 자신 없다며 완곡하게 거절했다. 당시 우리 가족(4인)이 시골에 들어와 몇 년 살아 보니 월 100만 원으로는 턱도 없었다. 또 그의 말처럼 농사일 품삯으로 생활비의 절반을 조달하겠다는 계획도 은퇴한 50대 후반의 체력으로는 사실상 불가능하다는 걸 알았다.

근래 들어 귀농·귀촌 교육 프로그램이 다양하고 관련 강의를 하는 전문가도 많다. 어떤 이들은 월 100만 원이면 시골에서 부부가 큰 불편 없이 살 수 있다고 말하는 모양이다(그가 실제 농촌 생활을 하고 있는지, 해 본 적이 있기나 한지 알 길이 없다).

귀농·귀촌 관련 책들도 쏟아져 나오는데, 대개는 적은 돈을 가지고도 성공적인 전원생활이 가능하다며 그 방법을 제시한다. 각종 귀농·귀촌 박람회의 세미나에서도 비슷한 주제가 자주 내걸린다. 또 방송 프로그램마다 깊은 산중에서 돈 없이도(?) 잘살아가는 '자연인'을 앞다퉈 소개하고 있다. 이런 사람들을 보노라면 마치 나도 따라 할 수 있을 것 같은 착각을 불러일으킨다.

하지만 실제로 시골에서 살고 있는 이들 대부분은 "개인차가 크긴 하지만, 월 100만 원으로 부부가 전원생활을 해나가기는 어렵다"고 말한다. 이미 시골에 들어온 지 10년이 넘어 완전히 정착한 이들조차 "월 100만 원으론 쉽지 않다"고 한다.

전원생활 7년 차인 우리 가족의 가계부를 들여다보면, 처음 1년은 월 100만 원은커녕 도시에서의 씀씀이가 그대로 이어졌다. 경조사 비용도 그렇고, 도시에서 먹고 입고 활동하던 생활 패턴을 한순간에 무 자르듯 단절하기 어려웠다. 대중교통 이용이 불편한지라 차량 유지 비용은 되레 크게 늘었다. 귀농 이듬해 부족한 생활비를 충당하기 위해 납부 중이던 보험 상품을 손해 보고 해약한 적도 있다. 물론 이후 시간이 지날수록 생활비가 줄어들기는 했다. 자급하는 먹거리가 하나씩 늘어나고, 경조사나 각종 모임도 꼭 필요한 것만 챙긴 결과였다. 그렇지만 기대만큼은 아니었다.

현재 우리 가족(4인)의 경우 고정비만 월평균 100만 원이 넘게 든다. △국민연금(나와 아내)과 건강보험료 △전기료(농업·주택용) △휴대전화 사용료 △차량(2대) 연료비 및 통행료 △자동차보험 및 세금 △차량 관리·보수비 △TV·인터넷 전화료 △난방 기름 및 주방 액화석유가스(LPG) 비용 △각종 세금 등이다. 내가 전국을 대상으로 귀농·귀촌 강의 활동을 하다 보니 교통비가 특히 많이 든다. 여기에 두 딸의 교육비와 의식주 비용이 추가된다.

한 증권사 연구소가 발표한 '은퇴 후 귀농·귀촌에 따른 생활비 절감 효과'라는 보고서(2014년)에서는 농어촌 거주자의 월평균 생활비를 188만 원으로 분석했다. 통계청이 발표한 2014년 농가 소득은 평균 3495만 원, 농가 지출은 평균 3055만 원이다. 이것만 봐도 도시인이 귀농·귀촌해서 월 100만 원, 연간 1200만 원으로 생활할 수 있겠는가 하는 의문이 든다.

물론 오래전에 귀농·귀촌한 이들 가운데 일부는 "시골에서 월 100만

제 3 장 : 전원생활도 전략이 필요하다

원만 있으면 살 수 있고, 또 그렇게 살아야 한다"고 충고한다. 소득이 적으면 적은 대로 그에 맞춰 사는 법을 터득해야 시골에서의 안착이 가능하다는 것이다. 물론 그분들도 다 경험에서 나온 조언이겠지만 그런 차원에서 본다면 "월 100만 원의 전원생활은 어렵다"는 조언도 새겨들어 주었으면 한다.

⁞ 여자 혼자 시골에서 살 수 있을까

"남자 노비 하나 부리고 사는 기분이 어떠셔……ㅋㅋ."

"헐~, 하녀 하나 데리고 사는 게 누군데……ㅎㅎ."

2010년 가을, 강원도 산골로 들어온 이후 나와 아내는 이따금 스스로를 노비와 하녀로 비하하곤 한다. 사실 시골 생활을 직접 해보면 농사 등 바깥일을 몸으로 감당해야 하는 남편은 물론이고 집안일에 농사일까지 거들어야 하는 아내 또한 육체적으로 고되기는 매한가지다. 그래도 신세타령이 이어지면 아내가 먼저 슬그머니 물러서 준다.

이웃 동네에 사는 한 어르신 부부의 '황혼이혼 에피소드'도 재미있다. 할머니가 일방적으로 황혼이혼 운운했는데, 지난겨울 화목 겸용 보일러를 설치한 이후 이 이야기가 쏙 들어갔다고 한다. 할아버지가 직접 땔

나무를 해와 뜨끈뜨끈하게 방을 데워 주고, 할머니가 아픈 기색을 보이면 즉시 병원으로 데려간다. 폭설이 내리는 한겨울 제설 작업도 물론 할아버지 몫이다. 이 역시 시골 생활에서 남자의 역할을 보여 주는 실례다. 특히 시골로 들어온 지 1~2년밖에 안 된 시골 생활 초보 아내들은 땅과 집, 그리고 소득 등 경제적인 기반이 어느 정도 받쳐 준다고 해도 남편 없는 전원생활에는 고개를 가로젓는다.

2013년 가을 강원도 산골에 전원주택을 지어 이사한 B 씨(53)는 "시골 생활은 늘 육체노동을 필요로 하는데, 남편 없이 여자 혼자서는 사실상 불가능하다"고 잘라 말했다. 산골 생활 4년 차인 Y 씨(44)는 "만약 혼자 남게 된다면 다시 도시로 가겠다"고 했다. 심지어 시골에 정착한 지 10년 넘은 L 씨(51)조차 "여자 혼자서는 시골 생활을 감당하기 어렵다"고 말했다. 그렇다고 여자 혼자 시골 생활을 하는 게 전혀 불가능한 것은 아니다. 드물긴 하지만 실제로 주변에서 그렇게 사는 이들이 있다. 때때로 이웃의 도움을 받긴 하지만, 농사도 짓고 다른 일도 하면서 자립적으로 살아간다.

10여 년 전 암환자인 남편의 요양을 위해 강원도 산골로 내려온 H 씨(65)는 몇 년 전 남편을 떠나보냈다. 이후 도시로 다시 돌아갈까, 아니면 시골에 계속 머무를까 고심하다가 결국 시골에 남기로 했다. 다니는 교회 사람들의 도움을 받기도 하지만, 대부분 농사를 지어 자급하면서 건강한 노후를 보내고 있다. 이뿐만이 아니다. 10여 년 전 홀로 귀농해서 6611m²(약 2000평)에 달하는 농사를 홀로 짓는 여자 농사꾼도 있고,

도시에서의 전문성을 살려 초등학교 등에서 아르바이트를 하며 귀촌 생활을 즐기는 이도 있다. 이런 여성들의 특징은 이미 10년 안팎에 걸쳐 농촌에 살면서 잘 정착한 50대 중후반부터 60대 초중반이라는 점이다. 상대적으로 젊은 30~40대는 찾아보기 쉽지 않다.

한편 고령의 원주민 가운데는 홀로 살아가는 여성이 꽤 많다. 이들은 자그마한 텃밭을 가꾸며 먹을거리 대부분을 자급한다. 현금 소득이 거의 없지만 이전부터 안 쓰며 살아가는 방법을 터득한지라, 그들에게 시골의 삶은 어렵거나 힘든 문제가 아닌 듯하다. 근래 들어 예비 귀농·귀촌인들을 대상으로 강의나 상담을 하다 보면 불과 몇 년 전에 비해 전원생활에 대한 도시 거주 여성들의 관심이 크게 높아졌음을 피부로 느낄 수 있다. 40대 이하 젊은 층도 꽤 눈에 띈다.

귀농·귀촌 관련 통계에서도 변화의 움직임이 감지된다. 2014년 귀농 가구주의 여성 비율은 30.6%, 귀촌 가구주의 여성 비율은 33.7%에 달했다. 여러 속사정이 있겠지만 생각보다 그 비율이 높은 것이 사실이다. 또 6차 산업 창업 등 농업법인의 여성 대표가 점점 늘어나는 추세다. 이런 흐름으로 볼 때 초기 적응 기간(짧게는 2~3년, 길게는 5년)만 잘 넘기면, 비록 힘들기는 하겠지만 여자 혼자서 시골 생활을 하는 것이 불가능하지는 않은 것 같다.

우리 가족이 살고 있는 강원도 홍천의 산골 마을에는 75년 전통의 한 초등학교(동창초교)가 있다. 매년 전 학년 학생 수가 고작 10명 안팎에 불과한데, 그중에는 귀농·귀촌인의 자녀도 있다. 툭하면 폐교설이 불거져 나오지만, 도시 학교에서 전학 온 아이와 학부모의 만족도는 대단히 높다.

초중고교생 자녀를 두고 있는 30~50대 학부모들 가운데는 전원생활을 갈망하지만 자녀 교육 때문에 망설이는 사람이 상당히 많다. 그런데 가만히 들여다보면 초등학생 때는 시골 학교가 '천국(?)'인 것 같다.

"작은 시골 초등학교는 거의 일대일 대면 학습이 가능한 데다, 다양한 예체능 프로그램이 갖춰져 있어 도시 학교에 비해 교육의 질적 수준이 결코 뒤떨어지지 않아요. 또 학생 1인당 교육복지(예산)도 오히려 도시 학교보다 앞서고요. 무엇보다 깨끗한 자연환경에서의 감성 교육, 인성 교육은 최고의 축복이지요."

한 시골 학교 교장 선생님의 설명이다. 이와 더불어 시골에선 학교를 매개로 지역 주민들과 자연스럽게 어울리기 때문에 텃세 문제도 한결 부드럽게 풀어 나갈 수 있다고 한다. 때때로 아이들끼리 다투기도 하지만 전 학년이 형제자매처럼 지내게 되니 부모들도 자연스레 서로 가까워진다는 것이다.

하지만 귀농·귀촌인 자녀가 중학생이라면 이야기가 달라진다. 2008년 강원도 인제로 귀촌한 K 씨(54)의 경우 몇 년 후 외아들의 중학교 교육을 위해 아내와 아이는 다시 서울로 돌아갔다. 2011년 충남으로 이주한 L 씨(52)도 당시 아들(고 2)과 딸(중 2) 교육 문제 때문에 나 홀로 귀농을 감행해야 했다.

이처럼 자녀의 대학 진학이라는 현실적인 문제에 봉착하면 시골 학교와 시골 교육에 대한 불안감을 지우기 어렵다. 당장 중학교 때부터 학교 성적에 신경 써야 하는 교과 과정 때문에 부모나 아이 모두 엄청난 스트레스를 받는다. 이에 일부 가정은 '홈스쿨링'이나 대안학교를 선택하기도 한다.

사실 농촌의 미래가 밝아지기 위해서라도 시골 학교는 부활해야 한다. 갈수록 고령화와 공동화가 심각해지면서 농촌은 위기에 처해 있다. 이 위기를 극복하려면 귀농·귀촌인, 특히 아이디어와 추진력을 겸비한

'젊은' 귀농·귀촌인이 지속적으로 유입되어야 한다는 게 농촌 전문가들의 한결같은 진단이다. 농촌도 살리고, 학교도 살릴 수 있는 해법인 셈이다. 이를 위한 정부와 지자체의 지원책 마련도 필요해 보인다.

나와 아내 역시 아이들의 교육 문제가 최대 고민거리였다. 2010년 홍천으로 들어올 당시 큰딸(고 3)과 작은딸(중 1) 모두 대안학교에 다니고 있었다. 하지만 경제적인 부담과 아이들의 건강 문제를 고려해 인터넷을 활용한 홈스쿨링으로 방향을 틀었다. 아이들의 대학 진학을 걱정해야 할 시점에 우리 부부가 홈스쿨링이라는 '파격적인' 선택을 한 것은 지식보다는 아이들의 심성과 건강을 우선해야 한다는 믿음 때문이었다. 이미 각종 정보와 지식의 창고인 인터넷을 통해 양질의 콘텐츠가 풍부하게 제공되는 마당에 구태여 비싼 사교육비를 들여 가며 공부할 필요가 없다는 판단도 작용했다. 자연 또한 생생하게 살아 있는 최고의 교과서이자 친구 아닌가.

물론 아이들 교육에서 어떤 방법이 옳다, 그르다고 말할 수는 없다. 다만 우리 가족이 처한 상황에 맞는 최선의 대안을 선택했을 뿐이다. 이에 대한 후회는 없고 아이들도 잘 이해하고 따라 주고 있다. 큰딸은 사이버대학을 졸업했고, 작은딸은 방송통신대학에 재학 중이다.

참된 교육이란 뭘까? 건강한 몸과 정신적 재능의 조화된 계발 아닐까? 한마디로 말하면 지덕체다. 그런 의미에서 보면 자연 속에서의 교육만큼 이에 근접한 방법은 없는 것 같다.

또 자녀의 성장에 가장 큰 영향력을 미치는 것은 가정이다. 가정 안에서 주어진 공부를 하면서 동시에 적당한 육체적 노동과 운동으로 쌓아 가는 실생활 교육은 전원 속의 가정이 얻을 수 있는 값진 선물이다.

농부이자
자연인으로
살아가기

; 농부로 살면서 깨달은 몇 가지

강원도 홍천으로 들어와 다섯 번에 걸쳐 옥수수와 감자, 고구마, 고추, 마늘, 콩, 배추와 무 등 밭농사를 지으면서 얻는 게 정말 많다. 그중에서도 눈에 보이지 않는 가장 큰 수확은 바로 생명에 대한 깨달음이다. 흙 속에 뿌려진 옥수수 한 알이 싹을 틔우는 생명의 경이, 비바람에도 불구하고 바로 서고자 하는 꼿꼿함, 이후 새로운 생명을 맺는 결실의 과정까지 옥수수는 참으로 많은 기쁨과 교훈을 안겨 준다.

고구마는 또 어떤가. 심어 놓은 모종의 줄기와 이파리가 말라비틀어져 죽었다고 포기했는데 어느 날 줄기 밑동에서 다시 머리(싹)를 내밀고 올라오는 모습을 지켜보는 그 순간의 감격이란 이루 말로 표현할 수가 없다. 생명의 경이란 탄생의 오묘함뿐 아니라 그 생명이 갖고 있는 에너지에 대한 경탄이기도 하다. 이때 손수 키우는 작물의 생명 에너지는 고스란히 내 것이 된다.

농사를 지을수록 더욱 풍성해지는 수확물과 그것을 나누며 얻는 보람과 기쁨도 빼놓을 수 없다. 사실 농사를 짓는다는 것은 힘든 노동을 수반한다. 하지만 나에게 그 노동은 비록 힘들기는 하지만 괴롭지는 않다. 오히려 유쾌하고 심신에 활력을 준다.

나의 농사 목표는 건강한 친환경 먹거리 생산이다. 비록 유기농업과 자연재배를 오가며 좌충우돌하고 있지만 '건강'과 '친환경'만큼은 양보할 생각이 전혀 없다. 귀농하려는 사람이든 귀촌하려는 사람이든 자급 먹거리는 꼭 친환경적으로 재배하기를 권한다. 이렇게 전원생활을 하면서 농사를 짓게 되면, 비록 돈은 없어도 애써 키운 농산물이 풍성한 수확으로 보답하니 농사철 전원의 곳간은 비교적 넉넉한 편이다. 직접 먹어 배부르고, 또한 이를 이웃에게 나누는 인정까지 함께 추수하는 것이다. 전원의 곳간을 열어 나눔으로써 마음의 곳간이 다시 풍성하게 채워진다.

그렇다면 전원생활 초기에는 농사를 어떻게 지어야 할까. 귀농이든, 텃밭 수준의 귀촌이든 초기 농사는 해당 지방자치단체 농업기술센터에서 교육을 받거나 동네 농사 고수를 찾아 물어물어서 짓는 것이 요령이다. 처음 한두 해는 가능한 한 많은 작물과 접해 보는 것이 좋다. 개별 작물의 특성도 익히고 흙과 친해질 수 있는 좋은 기회다. 철에 따라 이것저것 심어 본다. 귀촌의 경우엔 가급적 시장에 가지 않고 자급한다는 마음으로 키우면 좋다. 이제 처음 농사를 지을 때 필요한 것에 대해 알아보자.

우선 비닐하우스다. 농촌에서 생활해 보면 "집 없이는 살아도 비닐하우스 없이는 못 산다"는 말을 실감하게 된다. 귀농뿐 아니라 귀촌의 경우에도 없어서는 안 될 제2의 공간이 바로 비닐하우스다. 나 역시 2013년 귀농인 보조금(50%)을 지원받아 198m²(약 60평) 크기의 비닐하우스를 마련해 비(물)에 약한 과채류 등을 재배하는 한편 육묘, 건조, 보관을 위한 공간으로 활용하고 있다. 농촌에서는 창고나 차고, 농기계를 보관하는 곳도 비닐하우스가 기본 틀이다. 다목적으로 활용하기에 이보다 더 요긴한 것은 없다. 또 하나 중요한 것은 바로 영농일지다. 매년 한 해의 농사 계획을 세운 다음 조금 귀찮더라도 그 과정을 일일이 기록해 두는 것이 좋다. 영농일지는 초보 농부에게 내비게이션 역할을 해준다. 한두 해 농사를 지어 보면 토질이나 물 사정, 일조량의 차이에 따라 자신의 농지에 적합한 작물을 찾아낼 수 있다. 또 작물별로 전년도 씨앗·모종 가격을 참고하고 파종기와 수확기, 거름 줄 때와 솎아 내기를 해야 할 때를 미리 알 수 있다. 수확량과 소득을 연도별로 비교해 보면 더 나은 농사를 짓는 데도 도움이 된다. 농사를 지어 보니 실패에서 얻는 교훈도 있다. 나는 이런저런 바쁜 일을 핑계대고 물주기와 풀 제거 작업 등 기본적으로 해줘야 할 농부의 의무를 조금 게을리했다. 작물이 아닌 나에게 농사를 맞추다 보니 작물의 성장 시기에 따라 필요한 부분을 채워 주지 못한 것이다. 초보 농부들은 "농사 잘 짓는 농부치고 게

으른 자 없다"라는 말을 명심하자.

작물 재배뿐 아니라 가축 키우기에도 도전해 보자. 농촌에서 부담 없이 기를 수 있는 가축은 닭이다. 영양가 높은 달걀과 고기를 쉽게 얻을 수 있고, 배설물은 훌륭한 거름이 된다. 잡식성이라 아무거나 잘 먹고, 주변에 풀어 놓고 키울 수 있다면 사료비도 절감된다. 강원도 횡성군에 살고 있는 전원생활 4년 차 K 씨(46)는 "아이들이 닭을 키우는 데 한몫 거들어 준다. 그 과정에서 암탉을 보호하고 이끄는 수탉의 역할과 먹이를 먹는 순서 등을 보고 느끼기에 말 그대로 산교육이 된다"고 말한다.

농사를 짓다 보면 농기계도 하나둘 필요하다. 기본이 되는 농기계는 경운기와 관리기, 예취기 등이다. 하지만 농기계 사고가 빈발하니 운전 조작 교육을 받고 안전사고에 특히 주의해야 한다. 요즘은 지자체 농업기술센터에서 농기계를 저렴하게 임대해 주거나, 밭갈이 등의 작업을 대행해 주기도 해 굳이 농기계를 사지 않아도 농사짓는 데 그리 큰 불편함이 없다.

시골로 들어와 규모가 크든 작든 농사를 짓는다면 농업은 생명산업이요, 농부는 생명을 가꾸는 시인임을 명심하자. 그래야 농사를 통해서도 자연의 축복을 제대로 누릴 수 있다.

베테랑 농부도 피하지 못하는 '풍년의 저주'

농한기인 한겨울이면 나는 강원도 홍천의 마을 곳곳을 찾아다닌다. 가급적 많은 농부들을 만나 한 해 농사가 어떠했는지, 그 과정과 결과를 듣고 배우기 위해서다.

2014년 겨울에는 안타깝게도 들른 곳마다 '농한(閑)기'의 여유를 거의 찾아볼 수 없었다. 대신 '농한(寒)기'의 시름만이 처마 끝에 매달린 고드름처럼 길게 드리워져 있었다. 이 시름의 정체는 다름 아닌 '풍년의 저주'였다. 이는 풍년이 들어도 수요가 늘지 않아 농작물 가격이 하락하고 농가 소득도 줄어드는 현상을 말하는데, 경제학에서는 '풍년의 역설'이라고 한다.

먼저 들른 N면은 배추와 무, 감자 등 고랭지 농업이 활발한 곳으로,

전년도에 이어 풍작을 맞았지만 가격이 급락해 상당수 농가가 쪽박을 찼다. 몇 년 전에는 남쪽 지방과 주산지 지역이 태풍, 폭우 등 자연재해를 입어 반사이익을 톡톡히 누렸었다. 억대 농부가 대거 탄생했고 지역경제도 덩달아 흥청거렸다. 그러나 2014년 겨울엔 그런 모습이 온데간데없다.

이어 방문한 S면에서는 농사도 잘 짓고 소득도 꽤 높은 베테랑 농부들을 만났다. 하지만 이들조차 풍년의 저주를 피해 가진 못했다. 토마토를 재배하는 한 농부는 "풍년이 들어 수확하느라 일은 갑절 힘들었는데 가격이 하락하는 바람에 간신히 적자를 면했다"고 푸념했다. '오이 농사 고수'로 통하는 또 다른 농부 역시 "전국적으로 작황이 좋아 아주 힘든 한 해였다. 이젠 새로운 소득 작목을 찾아야 할 것 같다"며 농사의 어려움을 토로했다.

문제는 농민의 속을 새카맣게 태운 풍년의 저주가 비단 이들 지역에만 국한된 것이 아니라 거의 전국적인 현상으로 확산되었다는 점이다. 쌀 농가는 물론이고 전년보다 재배 면적이 크게 늘어난 채소와 과일 농가의 피해가 더욱 컸다. 과일은 추석 이후 공급량이 급증하면서 가격이 폭락했다. 김장용 배추와 무, 마늘, 양파 등도 마찬가지였다. 가격이 폭락하자 농민들은 자신들이 땀 흘려 농사지은 농작물을 스스로 폐기 처분하기도 했다.

2014년에 이어 2015년에도 쌀 농가를 비롯해 콩, 단감, 사과 재배 농민들이 풍년의 역설에 큰 시름을 앓았다. 이렇다 보니 차라리 풍년보다는 그나마 가격을 받쳐 주는 흉년이 더 낫다는 말까지 나온다. 그러나 흉년이 들면 정부에서 즉시 수입 농산물을 대거 들여와 가격 안정을 꾀하니 흉년이 농부의 소득을 높여 주는 것도 아니다.

좀 심하게 말하자면, 남이나 다른 지역은 자연재해나 병충해로 흉년을 겪고 나와 우리 지역만 풍년이 들어야 '진짜 풍년가'를 부를 수 있다. 이 때문에 베테랑 농부들조차 "농사는 투기", "너의 불행은 곧 나의 행복"이라는 자조 섞인 한탄을 내뱉는다.

농업 기술의 급속한 발전으로 우리 농업은 앞으로도 대형 자연재해만 없다면 '풍년의 저주'가 반복될 가능성이 매우 높다. 더구나 한·중, 한·캐나다 자유무역협정(FTA) 등 잇단 농산물 시장 개방으로 수입 농산물 또한 갈수록 쏟아져 들어오고 있는 상황이다. 풍년의 저주를 풀 해법을 서둘러 강구하지 않으면 안 되는 이유다.

대책으로는 먼저 직거래 활성화, 수출 시장 개척 등을 통한 판로 확대를 들 수 있다. 특히 국내 소비가 정체되거나 감소하는 상황에서 수출에서 활로를 찾아야 한다는 지적이 공감을 얻고 있다. 다만 전시성·일회성 수출이 아니라 농산물 고급화와 가공 판매 등 고부가 수출 산업의 기반 구축이 선결되어야 한다는 게 현장의 목소리다.

농업 전문가들은 농산물 가격 안정을 위해서는 계약 재배 확대와 주요 품목별 출하량을 관측·조절할 수 있는 시스템을 서둘러 구축해야 한다고 지적한다. 중기적으로는 주요 작물의 재배와 작황, 공급과 수요 등의 정보를 실시간으로 공유할 수 있는 시스템 구축도 필요하다. 이와 관련해 농산물 수급 조절과 같은 복잡하게 얽힌 문제를 해결해 나가려면 전담 공무원이 그 일을 쭉 맡아서 처리할 수 있도록 일종의 전문관제도 등을 도입해 전문성을 높여야 한다는 지적도 나온다.

내가 겨울 농한기에 만나 본 농업의 현실은 냉엄했다. 2009년 점화된 신 귀농·귀촌 시대가 어느덧 8년 차에 접어들었다. 인생 2막의 새 터전으로 귀농을 준비 중인 예비 농업인들은 농업·농촌의 현실에 대한 정확한 인식이 필요하다.

⦂ 자연재해로부터 안전한 땅 구하기

2015년 온 나라를 뒤흔든 가뭄과 '메르스'로 농촌은 큰 고통을 겪었다. 해마다 7, 8월은 가뭄과 폭염, 폭우와 태풍 등의 자연재해가 반복적으로 발생해 농촌에 큰 시련을 준다. 인간의 무절제와 탐욕이 초래한 기후 변화의 '업보' 탓일까. 이젠 가뭄이든 호우든 '기상 관측 이래 최악'이라는 수식어가 늘 따라붙을 정도로 자연재해의 양상과 결과는 자못 심각하다.

나는 2015년 여름 강원도 최북단 지역인 화천과 양구, 인제 일대를 둘러보았다. 유년기를 춘천에서 보냈고, 화천에서 군 생활을 했으며, 이후 홍천으로 귀농해 살고 있는 나에게 강원도는 (누구나 떠올리듯이) '산 좋고 물 좋은' 산수화의 이미지로 각인되어 있다.

하지만 아니었다. 산은 그대로인데 물이 사라졌다. 화천의 유명 계곡조차 깊고 시원한 멋을 잃었다. 양구와 인제로 이어지는 '내륙의 바다' 소양호의 상류와 지천들은 아예 옛길 등 수몰지의 원형을 드러냈다. 물이 없는 산수화는 보기에도 흉측했다.

다행히 농민들은 얼마 후 시작된 장마와 태풍이 동반한 비로 극심한 가뭄에 대한 걱정을 겨우 한숨 돌렸다. 그렇다고 해서 마냥 좋을 수만은 없다. 장마철 집중호우가 쏟아지면 혹시 산사태나 침수 피해를 입지 않을까 마음을 졸인다. 내가 살고 있는 곳은 마을 앞으로 홍천강(상류)이 흐르는데 평소엔 시냇물처럼 보이지만 장마철이면 성난 강의 모습으로 돌변한다. 순식간에 불어난 강물에 마을과 마을을 잇는 작은 다리가 잠기기도 한다. 장마와 함께 태풍까지 몰아치면 '애써 지은 한 해 농사를 망치지 않을까' 농심은 걱정이 태산이다. 태풍 볼라벤이 강타한 2012년 늦여름, 고랭지 배추 농사를 망치는 바람에 결국 귀농 첫해에 다시 도시로 돌아간 한 귀농인의 눈물을 나는 지금도 잊지 못한다. 이렇듯 전원생활이란 그저 자연이 주는 낭만과 여유, 목가적인 평화로움만 있는 것은 결코 아니다. 되레 반복적으로 찾아오는 자연의 시련을 감내하지 않으면 안 된다. 장래 전원생활을 하고자 하는 이들은 애초 귀농·귀촌 설계 및 준비 단계에서 자연재해란 변수를 십분 고려해야 한다. 특히 전원 입지는 전원행의 목적과 용도를 감안하되 자연재해로부터 안전한 곳을 선택해야 한다.

갈수록 변화난측한 자연재해도 특정 지역에 빈발하는 등 어느 정도

규칙성을 띠고 있다. 극심한 가뭄, 집중호우와 태풍, 폭설 등의 피해가 잦은 곳은 피하는 것이 상책이다. 이를 위해 넓게는 기상청의 기상 자료나 지방자치단체의 재해 정보 지도를 참고하면 좋다. 풍광이 뛰어나다고 해서 침수 위험이 높은 강변이나 계곡 저지대에 집터를 잡는 것은 금물이다. 이런 곳은 보기에는 좋으나 살기에는 좋지 않다. 산을 절개한 가파른 경사지에 지어진 집은 보기에도 아찔하다.

자연재해로부터 보다 안전한 땅을 얻고자 한다면 현장에 답이 있다. 즉 가뭄이나 폭우가 극심한 바로 그때 직접 찾아가 두 눈으로 확인하는 것이다. 극심한 가뭄에도 주변 강이나 계곡 물, 지하수가 풍부하다면 물 걱정이 필요 없는 땅이요, 역으로 장마철 집중호우에도 산사태나 침수 피해가 없다면 그 또한 농사짓기 좋은 땅이다. 예로부터 명당이란 바람을 갈무리(저장)하고 물을 얻을 수 있는 곳이었다. 풍수란 바로 장풍득수(藏風得水)의 줄임말이다. 대체로 뒤로는 산을 등지고 앞쪽으로 물이 유유히 감아 흐르는 배산임수의 입지로, 북쪽이 높고 남쪽이 낮은 남향의 땅이 그렇다.

자연이 주는 시련을 거부할 순 없지만 그 피해를 최소화할 수는 있다. 작물 또한 이런 고비를 하나씩 넘기면서 여름 기운을 받아 제대로 영글어 간다. 사람도 마찬가지다. 자연재해에 대비해 미리 철저하게 준비하되 피할 수 없다면 최선을 다해 대처한다. 이렇게 자연이 주는 시련을 하나씩 극복해 나가는 과정을 통해 전원생활은 한층 지혜로워지고 성숙해진다.

⁝ 자연과 함께하는 농사짓기 1-똥 살리기, 땅 살리기

나는 매년 3월 초·중순쯤 집과 접한 밭에 퇴비(밑거름) 뿌리기 작업을 한다. 한 해 농사는 대개 춘분(春分·3월 20, 21일) 전후로 시작되는데, 퇴비를 일찍 뿌려 놓을수록 효과가 좋다. 나는 일일이 손작업으로 시비를 하는데, 이때가 한 해 농사를 위한 사전 작업에서 가장 고된 노동의 시간이다.

가축분 퇴비를 뿌릴 때면 어릴 적 고향 마을(강원도 춘천시 사북면)의 모습이 떠오른다. 당시 강원도 산골에서는 'ㄴ자형' 'ㄷ자형' 농가의 한쪽이 외양간이었다. 집 마루에 앉으면 외양간에 있는 소들과 그 뒤로 쌓인 큼지막한 쇠똥 무더기가 바로 보였다.

그런 집에서 가족들이 마루에 둘러앉아 점심을 먹기도 했지만, 쇠똥이 더럽다고 느껴 본 적은 없었다. 왜냐하면 쇠똥이든 사람 똥이든 모든 배설물은 오히려 땅을 기름지게 하고 농사의 풍년을 가져다주는 귀한 '자산'으로 여겼기 때문이다. 특히 인분은 최고의 거름으로 대접받았다. '밥은 나가서 먹어도 똥은 집에서 눈다'는 옛말은 똥을 얼마나 귀하게 취급했는지 잘 보여 준다. 실제로 1950년대까지만 해도 서울 근교의 농민들은 시내에 들어와 돈을 내고 똥·오줌을 퍼갔다고 한다. 이보다 앞서 1900년대 초 수원에서는 똥재(재에 버무린 똥)가 상품으로 거래되었는데, 상등품 한 섬의 가격이 30전에 달했다는 기록도 있다.

시골에 들어와 친환경 농사의 시행착오를 겪으면서 똥과 작물, 그리고 흙의 순환 관계에 대해 자연스레 관심을 갖게 되었다. 똥은 음식을 먹고 나온 찌꺼기이지만 다시 흙으로 돌아가 또 다른 생명(작물)을 키우는 거름이 된다. 그 작물이 다시 밥상에 오르게 되니 똥은 더러운 것이 아니라 자연 순환의 한 고리라는 것을 이해하게 되었다.

우리 조상들은 자연에 순응하는 순환농법을 지켜 왔다. 농가에서 장만해 온 거름의 종류나 제조 방법은 15세기 초의 『농사직설』이나 18세기 후반의 『천일록』 등에 자세히 설명되어 있다. 그런데 요즘은 거의 모든 시골 농가에도 수세식 화장실이 설치되어 사람 똥은 물에다 내다 버리고, 비싼 돈을 들여 가축분 퇴비를 사다 뿌리는 일이 당연시되었다. 정화조 시설을 갖춰도 수세식 화장실이 배출한 똥과 오줌이 청정 계곡과 강을 오염시킨다는 것은 부인할 수 없는 사실이다. 전원 땅값이 하천과 계곡의 상류일수록 더 비싼 이유이기도 하다.

제 4 장 : 농부이자 자연인으로 살아가기

오래전에 일독한 『똥 살리기, 땅 살리기(The Humanure Handbook)』의 저자인 조셉 젠킨스는 "인분을 퇴비화하는 사람은 밤하늘의 별을 우러러 부끄럼이 없다"며 똥의 퇴비화를 역설했다. 나도 2016년부터는 이를 조금씩이나마 실행해 보려고 한다. 똥이 갖는 순환의 이치를 깨달아 실천할 때가 되었다는 생각에서다. 정작 더러운 것은 똥이 아니라 더러워진 우리들의 생각과 마음 아닐까.

자연과 함께하는 농사짓기 2 - 효자 풀과 치유의 농업

매년 4월이 되면 강원도 산골의 논밭은 완연한 '농사 모드'다. 여기저기서 퇴비와 비료를 뿌리고 트랙터로 밭을 갈고 두둑에 검정 비닐을 씌우는 작업이 한창이다. 나와 아내 역시 옥수수, 감자, 고구마 등 식량 작물과 고추, 마늘, 들깨 등 양념류, 쌈채소와 김장 채소 등의 자급을 위해 1983㎡(600평)의 밭을 갈고 비닐로 바닥덮기 작업을 한다.

하지만 자연농업의 관점에서 보면, 이런 행위는 땅의 눈과 입을 막아 버리고 오로지 많은 농산물 생산만을 강요하는 일종의 '학대'다. 이로 인한 대가 또한 결코 만만치 않다. 먼저 자생적으로 자라던 토종 민들레 등이 파헤쳐진다. 또 밭 가장자리에 심어 놓은 곤드레, 달래, 눈개승마, 돌나물, 머위, 돼지감자 등도 수난을 면하지 못한다. 하물며 개망초, 명아주, 질경이, 쇠비름 등 소위 잡초는 말할 것도 없다.

도시를 내려놓고 홍천의 산골로 들어온 2010년 첫해에는 명아주가 밭을 온통 뒤덮었다. 임금님이 장수 노인에게 '건강 지팡이'로 선물했다는 명아주가 사람 키보다 더 크게 자란다는 사실을 이때야 알았다. 이듬해엔 '계란꽃'으로 불리는 개망초가 온 밭을 점령했다.

이들 잡초는 오로지 돈 되는 작물만을 재배하는 농사꾼에겐 여간 골칫덩이가 아니다. 그래서 보이는 대로 캐내 버린다. 검정 비닐로 두둑과 고랑을 모두 덮고, 심지어 밭을 갈 때 미리 독한 제초제를 살포해 아예 씨를 말린다.

하지만 너무 흔하디흔해 오히려 천대받는 이들 잡초가 알고 보면 오랜 세월 우리 조상들이 제철에 즐겨 먹던 자연 먹거리였다. 한방과 민간요법에서는 약으로도 쓰였다.

실제 한방에서는 개망초에 대해 '열을 내리고 독을 치료한다'며 감기, 학질 등의 질환에 사용하기도 한다. 군락을 이루며 번져 나가기 때문에 뿌리째 뽑혀 버려지던 명아주 또한 심장을 튼튼하게 해주는 효능이 있다고 전해진다.

예전에는 쳐다보지도 않던 쇠비름이 최근 심혈관 질환과 당뇨 등에 좋다는 효능이 알려지면서 효소 마니아에게 단연 인기다. 아무리 밟아도 죽지 않는 질긴 생명력을 지닌 질경이 또한 몇 년 전부터 뜨고 있다.

근래 들어 친환경 유기농 먹거리가 많이 공급되고 있다지만, 솔직히 농약과 비료를 전혀 사용하지 않은 농산물이 과연 있을까 하는 의문이 든다. 반면, 산야에서 자라는 이들 잡초는 농약이나 비료를 주지 않아도 스스로 자라며 번식한다. 몸에 좋은 효능을 간직한 진정한 친환경 유기농 먹거리다. 이쯤 되면 잡초가 아니라 '효자 풀'이다.

오늘날 기계·과학 영농은 당연하다는 듯 땅을 파헤친다. 농약과 비료를 엄청나게 투입하고, 비닐하우스 등 시설 재배를 늘려 마치 공장처럼 농산물을 찍어 낸다. 이렇게 생산된 먹거리를 먹고 사는 우리는 그러나 건강을 잃고 힘들어한다. 그러고는 한편에서 쓸모없다고 내팽개친 잡초를 몸에 좋다며 다시 찾는다. 정말 아이러니가 아닐 수 없다.

효자 풀(잡초)과 농작물이 공생하는 농사야말로 농약과 비료로 뒤범벅된 땅(자연)을 살리고, 더 나아가 인간도 살리는 '치유의 농업' 아닐까. 2016년부터는 땅과 '효자 풀'을 검정 비닐로부터 조금씩 해방시켜야겠다.

; 자연과 함께하는 농사짓기 3 - 뽕나무와 토종 민들레

2010년 산골로 들어온 이후 우리 가족은 '뽕'에 취해 산다. 수시로 먹고 마시다 보니 이젠 중독이 된 듯싶다(마약이 아니라 뽕나무와 그 열매를 말하는 것이니 오해 마시길).

뽕나무 가지(桑枝)와 뿌리(桑根)는 차를 내어 마시고, 뽕잎은 나물 반찬으로 먹는다. 달콤한 열매(오디) 또한 냉동시켜 놓았다가 즐겨 꺼내 먹는다. 이처럼 뽕나무는 가지와 잎, 뿌리, 열매까지 어느 것 하나 버릴게 없다. 특히 동쪽으로 뻗은 뿌리의 껍질(桑白皮)과 뽕나무겨우살이(桑上寄生), 상황버섯은 예로부터 귀중한 약재로 쓰였다. 정말 '효자 나무'다(나도 몸이 따뜻해지고 속이 편안해지는 효과를 확실히 체험했다). 행복하게도 우리 집과 밭 주변에는 이 효자 뽕나무가 많다. 매년 어린나무도 계속 생겨나고 있다. 이 '효자 나무'와 함께 '효자 풀'도 있으니 흰 꽃 민들레가 그것이다.

귀농 이듬해인 2011년 봄, 우연히 뽕나무 주변에서 하얀 꽃을 피운 민들레를 발견하곤 깜짝 놀랐다. 대부분의 도시인과 마찬가지로 노란 꽃 민들레만 보아 온 나는 이를 변종으로 오해했다. 나중에 알고 보니 정작 노란 꽃 민들레 대부분이 외래종이고, 흰 꽃 민들레는 순수 토종 아닌가!

흰 꽃 민들레는 왕성하게 번식하는 노란 꽃 외래종과 달리 토종끼리 만 수정하기 때문에 시골에서도 찾아보기가 쉽지 않다. 더군다나 매년 밭을 갈고 농약과 비료를 뿌려 대는 땅에서는 외래종만 적응할 뿐, 흰 꽃 민들레는 살지 못한다고 한다. 반면 약성은 외래종보다 훨씬 뛰어나 귀한 먹을거리이자 약재로 대접받는다. 이처럼 사람에게 매우 유용한 효자 뽕나무와 흰 꽃 민들레지만 현실에서는 (이를 전문 재배하는 일부 농 가를 제외하면) 여전히 찬밥 신세다. 농사꾼 대부분은 번식력이 왕성한 뽕나무를 농사 망치는 해로운 존재로 여긴다. 그래서 뿌리째 파헤쳐져 버려지기 일쑤다. 인위적으로 키우기 어려운 토종 민들레 역시 외면당 하기는 매한가지다.

대신 그 자리에는 '기계 영농', '과학 영농', '시설 영농'이라는 구호 아 래 돈 되는 작물이 집중적으로 재배된다. 사실상 비료·농약에 의존하 는 공장형 생산이다. 작물의 생명을 다루는 농사건만 자본의 논리에 얽 매여 투기 대상이 된 지 이미 오래다.

나의 집과 농지를 방문한 베테랑 농사꾼은 물론 심지어 농업 전문가조차 쓸모없는 뽕나무는 다 베어 버리고 땅을 확 뒤집어 돈 되는 작물을 심으라고 권한다. 하지만 나는 그럴 생각이 전혀 없다.

　뽕나무와 토종 민들레는 훼손되지 않은 자연환경 속에서 스스로 잘 자라기에 굳이 돈을 들여 투자할 필요가 없다. 또한 친환경 재배이기에 우리 가족의 건강(판매하게 되면 도시 소비자의 건강까지)을 챙기는 것은 물론, 더 나아가 생태계 보호에도 일조한다. 비록 돈이 안 된다고 할지라도 이런 '효자'를 버릴 수는 없는 노릇 아닌가.

; 못난 옥수수가 채워 주는 마음의 곳간

강원도 하면 누구나 쉽게 떠올리는 대표적 농산물이 바로 옥수수와 감자다. 강원도 홍천 산골에 살고 있는 우리 가족 역시 매년 옥수수와 감자, 그리고 고구마를 꼭 심는다. 특히 유명한 '홍천 찰옥수수'를 비교적 많이 재배한다.

옥수수는 4월 상순부터 6월 말까지 순차적으로 심으면 7월 하순부터 추석 전후까지 계속 수확이 가능하다. 수확 후 바로 삶거나 쪄서 먹고, 또한 삶아서 냉동하거나 낱알로 저장해 두면 두고두고 먹을 수 있다. 옥수수는 한 알을 심으면 대개 한 자루를 수확한다. 우리 집 옥수수는 한 자루에서 대략 400~600개의 알갱이가 나오니, 무려 400~600배를 거두는 셈이다. 그래서 옥수수는 쌀 못지않은 귀중한 식량 작물로 대접받는다.

이 옥수수를 재배하면서 얻은 교훈이 있다. 온갖 역경에도 불구하고 제대로 된 열매를 맺기 위해 바로 서고자 하는 옥수수의 꼿꼿함, 즉 직립성이다. 옥수수는 비바람이 부는 장마철에 곧잘 쓰러지곤 한다. 심한 경우 줄기 밑동이 휘어져도 자신의 몸체를 곧추세우고자 무진장 애쓴다. 한 알의 씨앗이 싹을 틔우는 생명의 경이, 성장 과정에서 보여 주는 바로 서고자 하는 인내력, 이후 열매를 보호하기 위해 겉껍질로 겹겹이 감싸고 비와 해충을 이겨 내는 결실 과정까지 옥수수는 많은 깨달음을 안겨 준다. 그러나 뭐니 뭐니 해도 작물 재배의 묘미는 수확의 기쁨이다. 온갖 정성을 쏟아 기른 옥수수가 풍성한 열매를 안겨 줄 때의 성취감이란 도시에서 근로를 통해 대가(돈)를 받는 것과 비교할 수 없다. 재배-결실 과정에서의 생명 에너지까지 고스란히 내 것이 된다.

그런데 수확해 놓은 우리 집 옥수수는 뭔가 좀 다르다. 일단 시중 옥수수에 비해 그 열매가 훨씬 작고 볼품이 없다. 당연히 알갱이가 잘고 더러 벌레 먹은 것도 있다. 농약과 비료를 전혀 주지 않고 친환경 유기농 재배를 고집한 결과다.

이렇게 작고 못생긴 '미니 옥수수'지만 주변에선 인기가 아주 좋다. 이런저런 기회로 한번 먹어 본 이들은 "정말 맛있다"를 연발한다. 심지어 돈을 줄 테니 조금만 팔라고 부탁하기도 한다. 하지만 그냥 조금씩 나눠 주기는 할지언정 아직 팔지는 않고 있다. '곳간에서 인심난다'는 옛말처럼 직접 땀 흘려 생산한 농산물을 이웃, 친인척, 지인들과 나누면서 얻는 기쁨이란 이루 말할 수 없다. 각박한 도시 생활에서 주고받는 계산된 선물과는 그 동기와 의미가 전혀 다르기 때문이다.

전원생활을 하면 비록 현금은 없지만, 이렇듯 애써 키운 농산물이 수백 배 이상의 결실로 보답하니 농사철 전원의 곳간은 비교적 넉넉한 편이다. 직접 먹어 배부르고, 또한 이를 이웃과 나누는 넉넉함까지 함께 추수하는 것이다. 전원의 곳간을 열어 나눔으로써 마음의 곳간은 여유로움과 넉넉함으로 풍성하게 채워진다. '못난 옥수수'의 생산과 나눔이 새로 맺게 해 주는 복된 열매다.

❧ 농사는 원래 대박이다

매년 10월은 완연한 '결실의 계절'이다. 이때가 되면 땀 흘려 일군 각종 농작물을 거두느라 몸은 고되고 마음은 바빠진다. 그래도 늘 풍성한 결실을 얻게 되니 수확의 기쁨과 함께 감사하는 마음을 갖게 된다.

이미 초가을에 거두어 처마 끝에 매달아 놓은 옥수수를 보고 있노라면 여간 뿌듯하지 않다. 유기농업으로 키운 필자의 옥수수는 시중에서 파는 것보다 크기가 훨씬 작다. 그래도 옥수수 한 알을 심어 대략 400~600배를 거두게 되니 농사는 대박임에 틀림없다. 10월 하순께 거두는 콩(오리알태)은 또 어떤가. 줄기를 커가는 대로 내버려 두었더니 고구마 덩굴처럼 길게도 뻗는다. 콩알이 들어 있는 두툼한 콩꼬투리가 주렁주렁 매달려 있다.

하루가 다르게 속을 채워 가는 김장 배추와 몸집을 키우는 김장 무 또한 대박이다. 씨앗을 뿌려 김장 무를 거두어 본 경험이 있는 이들은 잘 알겠지만, 무 씨앗은 너무 작아서 손으로 하나씩 골라 내 심기가 불편할 정도다. 그렇게 작은 씨앗이 싹을 틔우고 쑥쑥 자란다. 이후 수확기가 되면 어른 종아리만 한 대물로 거듭난다. 진정 생명의 경이요, 축복이 아닐 수 없다.

그러나 대다수 농부들에게 대박 농사는 대개 여기까지다. 막상 이렇게 거둔 농산물을 팔고자 하면 상당수는 대박은커녕 쪽박만 차지 않으면 다행이다. 농부들은 풍년이 들면 되레 가격이 하락하는 '풍년의 역설'에 눈물짓기도 한다.

2014년 우리나라 농가(112만 1000가구)가 농축산물을 판매해 얻은 농업 소득은 평균 1030만 원이다. 연평균 농가 소득(3495만 원)의 29.5%에 불과했다. 매스컴에선 억대 농부들이 자주 소개되지만 정작 정부의 통계를 보면, 연간 농축산물 판매액이 1억 원 넘는 억대 농가는 전체의 2.7%, 5000만 원 넘는 농가는 7.7%에 그쳤다. 귀농·귀촌 열풍 시대에 시사하는 바가 크다. 사정이 이러하니 농작물 생산·재배에 초점을 맞춘 '1차 산업 농업'으로는 먹고 살기가 고단할 수밖에 없다. 안타깝지만 농민들 입장에서는 '소득 대박'이 아니라면 '농사 대박'은 실감할 수 없을지도 모르겠다.

그럼 농업 소득에 얽매이지 않은 도시 농부와 귀촌 농부들은 어떨까. 이들이야말로 가을 수확물을 통해 농사가 대박임을 만끽할 수 있다.

텃밭농사만 지어도 가을철 거실과 곳간에는 수확한 농산물이 수북이 쌓인다. 일부 주변에 나눠 주기도 하고 팔 수도 있다. 친환경 유기농업으로 거둔 농산물은 부자들이 먹는 값비싼 메뉴도 별로 부럽지 않다.

그런데도 농사가 원래부터 대박임을 제대로 이해하지 못하는 도시 농부와 귀촌 농부들도 적지 않은 것 같다. 나의 옥수수와 같은 경우처럼 수백 배를 안겨 주어도 너무 적다고 불평한다. 급기야 더 많이 거둬들이기 위해 화학비료를 주고 농약을 뿌려 대기도 한다. 인간의 욕심이란 끝이 없는 듯하다. 나무는 꽃을 버려야 열매를 맺고, 강물은 강을 버려야 바다에 이른다고 했다. 농사 또한 욕심을 비울 때 비로소 옥수수 한 자루가 주는 진정한 수확의 기쁨과 감사의 의미를 깨닫게 되지 않을까.

풍요로운 가을에 행복한 인생 2막의 안식처를 찾아 전원으로 들어오는 귀농·귀촌인들을 쉽게 볼 수 있다. 이들에게 농사는 원래 대박임을 잊지 말라고 말해 주고 싶다. 물론 이는 나 스스로에 대한 다짐이기도 하다.

05

땅 테크!
좋은 땅, 나쁜 땅,
이상한 땅

전원생활도 재테크, 아는 만큼 보인다

정년을 1년 앞둔 K 씨(57, 서울)는 10년 전 사둔 시골 땅(농지 1만m²)을 팔아야 하는지 고민에 빠져 있다. 2015년 은퇴한 P 씨(59, 경기 안양시)는 수년 전 모친에게서 상속받은 땅(농지 8000m²)을 어찌해야 할지 고심 중이다. 이들은 일단 도시에 계속 눌러살고 싶어 하지만 시골 땅 소재지로의 귀농·귀촌도 적극 저울질하고 있다.

K 씨와 P 씨처럼 이미 시골 땅을 소유하고 있는 도시민들이 의외로 많다. 국토교통부가 6년마다 조사해 발표하는 '전국토지소유현황' 통계에 따르면, 2012년 말 기준 강원도 내 개인 토지 중 타 지역에 살고 있는 외지인이 소유한 토지가 전체의 50.3%에 달했다. 전국 토지 소유자들의 연령대별 구성은 50대(27.8%), 60대(24.4%), 70대(18.7%)순으로 나타

났다. 사실 2009년 촉발된 5060세대들의 귀농·귀촌 열풍 이면에는 이같은 배경도 한몫하고 있다. 시골 땅을 소유한 도시민들은 그 땅을 처분하든지, 아니면 귀농·귀촌을 해 전원생활을 즐기면서 절세를 통한 재테크도 가능하다. 이에 대해 알아보자.

먼저 K 씨가 시골 땅을 처분할 생각이라면, 2016년 1월 1일부터 비사업용 토지의 양도세율이 10%포인트 할증(6~38%→16~48%)되었다는 점을 고려해야 한다. 비사업용 토지란 소유자가 농지 있는 곳에 살지 않거나 직접 경작하지 않는 농지(논, 밭, 과수원)를 말한다. 또 사업과 관련 없는 임야 목장용지, 나대지, 잡종지 등도 해당된다.

2016년부터 비사업용 토지의 양도세 부담이 높아지지만, 한편으로는 세 부담을 덜어 주기 위해 '장기보유 특별공제'가 새로 적용된다. 3년 이상 보유한 뒤 팔면 양도 차익의 10%를, 10년 이상 보유한 땅은 최대 30%까지 공제해 준다. 문제는 특별공제 산정 보유 기산일이 2016년 1월 1일부터 적용되기 때문에 특별공제 혜택을 받으려면 2019년 이후에나 매도해야 한다.

장기보유 특별공제를 받는다고 해도 K 씨의 양도세 부담은 결코 만만치 않다. 이를 확 줄이고자 한다면 귀농을 통한 전원생활도 한 방법이다. K 씨가 시골로 이주해 8년 이상 직접 농사를 지으면(자경), 양도세액을 1년간 1억 원 한도로 5년간 총 3억 원까지 감면받을 수 있다. 이를 뒤집어 보면 5년 동안 매년 6000만 원을 버는 셈이니 결코 적은 금액이 아니다. 2015년까지는 1년간 감면 한도가 2억 원이었으나 2016년부터 1억 원으로 축소되었다.

P 씨처럼 시골 땅을 상속받았거나 상속 예정인 이들도 전원생활을 통해 양도세 문제의 해법을 모색할 수 있다. 상속받은 농지는 피상속인(부모)의 자경 기간이 중요하다. 만약 피상속인이 8년 이상 자경했다면 상속인(자식)은 귀농하지 않아도 된다. 도시에 그대로 살면서 상속받은 날로부터 3년 이내에 팔면 피상속인의 자경농지 양도세 감면 혜택을 그대로 인정받는다. 문제는 피상속인이 과거 8년 이상 자경했지만 상속받은 지 3년이 지나 버린 땅이다. 이때 상속인은 농지 소재지로 귀농해서 직접 1년 이상 자경해야 한다. 또 피상속인의 자경 기간이 5년에 불과하다면 상속인이 3년 이상 자경해 남은 기간을 채워야 양도세 감면혜택을 받을 수 있다.

전원행을 결심하고 시골에 새로 집을 짓거나 아니면 기존 농어촌 주택을 매입할 때는 남겨진 도시 주택의 '1가구 1주택 양도세 비과세' 혜택을 유지하는 것이 중요하다. 이때 새로 취득한 시골집은 일정 조건을 갖추면 주택 수 산정에서 제외된다. 조세특례제한법에 따르면 2017년까지 신축 또는 매입으로 취득한 농어촌 주택이 대지 660m²(약 200평) 이하, 주택 150m²(약 45.3평) 이하, 취득 당시 기준 시가 2억 원 이하 등의 조건을 충족시키면 기존 도시 주택(1주택)을 팔 때 양도세가 비과세된다.

소득세법상의 귀농 주택(대지면적 660m² 이하, 비고가 주택)은 전 가구원이 수도권 외 농촌으로 이사해 3년 이상 영농에 종사해야 도시 주택(1주택) 양도 시 비과세 혜택을 받을 수 있다. 이런 각종 세법 규정은 한

시적으로 적용되는 것도 있고, 툭하면 달라지기 때문에 개정 여부를 수시로 체크할 필요가 있다.

인생 2막의 기로에서 선택한 여유로운 전원생활에 재테크까지 더해진다면 금상첨화다. 노후 대책이 부실한 5060세대로서는 든든한 생활의 버팀목이 될 수 있다. 귀농·귀촌을 결심했다면 전원생활도 재테크라는 접근이 필요하다. 물론 투기와는 다르다.

⋮ 빨리 땅부터 사라고?

사례 1 강원도 H군의 지역 유지 L 씨(73)는 나이와 건강 탓에 많은 농사를 짓기 어렵자 최근 여러 필지의 농지와 임야를 매물로 내놓았다. 그는 소문 나는 것을 싫어해 무허가 중개인에게 땅 매도를 의뢰했다.

사례 2 10년 전 경기도 Y군으로 귀농한 J 씨(57)는 소유 농지 1만 ㎡(3025평) 중 일부를 직거래로 팔기 위해 얼마 전 인터넷에 매물로 올렸다. 양도세 감면 조건(8년 자경, 재촌)을 충족해 팔아도 세 부담이 없기 때문이다.

사례 3 몇 년 전 충북 G군으로 귀촌한 P 씨(59)는 최근 땅(텃밭)과 집을 매물로 내놓았다. 당초 산 가격보다 조금 싸게 내놓았지만 팔리지 않아 가격을 더 낮출까 고민 중이다.

위의 사례는 이런저런 이유로 자신이 살고 있는 시골 땅을 매물로 내놓은 경우다. 도시인 등 외지인이 오래전에 투자 목적으로 사놓은 땅 역시 매물이 넘쳐난다. 정부 통계(2012년 말 기준)에 따르면, 강원도는 개인 토지의 50.3%가 외지인 소유다. 위의 사례를 자세히 들여다보면, 지역 원주민(사례 1)뿐 아니라 도시에서 들어온 귀농·귀촌인(사례 2·3)도 땅을 팔고자 한다. 매도 과정에서 직거래를 택하기도 하고(사례 2), 무허가 중개인을 이용하기도 한다(사례 1). 양도세 감면 조건을 활용한 '세테크 매물'도 많고(사례 2), 시골 정착에 실패한 '역귀농·역귀촌 매물'도 드물지 않다(사례 3).

이처럼 시골 땅 매물은 수도권과 지방을 가리지 않고 계속 쏟아져 나오고 있다. 2009년 이후 베이비부머(712만 명 추산)를 필두로 한 귀농·귀촌 행렬이 시골 땅의 새로운 수요층으로 등장한 이후에도 시골 땅 매물은 줄지 않고 있다. 다만 귀농·귀촌 열풍이라는 호기를 틈타 최근 몇 년 새 일부 시골 땅의 매도 호가가 높게 형성되었고, 그 과정에서 실제로 일부 높게 거래된 사례가 나타나기도 했다. 그런데 이 같은 현상을 두고 시골 땅 중개업소나 전원주택업체, 땅을 개발해 분양하는 토지개발업자들이 예비 귀농·귀촌인들에게 "빨리 땅부터 사라"고 부추기는 모양이다. 여기에는 일부 귀농·귀촌 전문가와 멘토들도 가세하고 있다.

이 때문에 귀농·귀촌을 준비 중인 많은 이가 당황스러워한다. 다음 사례를 보자.

"농업과 농촌을 겪어 보면서 천천히 땅과 집을 마련할 계획이었다. 그런데 어떤 강사는 귀농·귀촌 열풍으로 향후 땅값이 크게 오를 가능성이 높다며 빨리 땅부터 사라고 한다. 이 때문에 상당히 혼란스럽다."

나는 서울시농업기술센터와 농식품부 산하 농정원 소속의 귀농귀촌종합센터, 농협대학, 노사발전재단, 공무원연금공단, 각 지자체 등에서 귀농·귀촌 길라잡이 강의를 하는데, 이때 만난 한 예비 귀농인이 털어놓은 고민이다. 과연 빨리 땅부터 사야 할까? 귀농 7년 차인 내가 직접 보고 듣기로는 요즘에도 시골 땅 매물은 차고 넘친다. 2016년 이후 국내외 경제 상황과 부동산 시장의 전망 또한 불투명하기 때문에 매물은 계속 쏟아져 나올 것이다. 문제는 귀농·귀촌이란 호재에 편승해 매물이 대부분 턱없이 비싼 가격에 나온다는 것이다. 만약 지금 땅을 꼭 사야 한다면 급매물 위주로 공략해야 하는 이유다. 땅 투자 격언에 '망설이면 놓치고 서두르면 당한다'는 말이 있다. 시골 땅 매물이 넘쳐나는 상황에서 일시적인 가격 오름세가 있다고 "망설이면 놓치니 빨리 땅부터 사라"는 것은 적절치 않다. 오히려 "서두르면 당하니 신중하게 접근하라"고 조언하고 싶다.

⁝ 입지 선정, 이렇게 해보자

'전원생활은 입지다.'

조선 후기 실학자인 이중환(1690~1752)이 『택리지(擇里志)』에서 밝힌 것처럼 주거할 땅을 선택할 때는 지리(풍수), 생리(경제), 인심(사회), 산수 (자연)를 두루 고려해야 한다. 인구가 밀집된 도시보다 전원생활에서 더욱 중요하다. 입지 선정은 실제 전원생활 준비 및 실행 과정에서 첫 단추를 끼우는 출발점이다. 여기서부터 잘못되면 이후 집짓기와 초기 전원생활까지 모든 게 틀어진다. 나와 가족의 새로운 제2의 고향이요, 쉼터이자 일터이고 삶터를 구하는 일이다. 전국을 몇 바퀴 돌더라도 꼭 '인연의 터'를 만나겠다는 간절한 소망과 끈기 있는 발품이 필요하다.

그런데 이 입지 선택 과정에서 대부분 돈 걱정부터 한다. 물론 땅을 사려면 목돈이 들어간다. 하지만 미리부터 땅 사고 집 짓고 초기 전원 생활에 필요한 자금까지 싸잡아 걱정할 필요는 없다. 땅 매입 자금을 어떻게 조달할지만 염두에 두면 된다. 그것도 어느 지역, 어떤 용도의 땅을 선택하느냐에 따라 자금 규모는 크게 달라진다. 수도권을 택할 경우에는 땅값이 비싸므로 큰돈이 필요하지만 지방, 그 가운데서도 전라남도나 경상남도를 택한다면 훨씬 낮아진다. 수도권에서도 관리 지역과 농림 지역의 땅값 차이가 크고, 같은 관리 지역이라도 읍면 중심지와 산골 오지가 다르다. 이에 맞춰 준비하면 된다.

입지 선정의 고민을 덜려면 가족회의를 통해 몇 가지 사항을 결정해야 한다. 첫째, 고향으로 내려갈 것인지 타향으로 갈 것인지 정한다. 각 지방자치단체는 '출향' 인사 유치에 적극적이다. 친인척이나 친구들이 있는 고향은 상대적으로 정착하기에 유리하다. 그러나 많은 예비 귀농·귀촌인은 고향을 꺼린다. 그들은 "고향 사람의 시선이 너무 부담스럽다"고 말한다.

둘째, 수도권으로 할지 비수도권으로 할지 결정한다. 모든 길은 여전히 서울로 통한다. 전원행을 소망하는 이들 대부분은 경제활동, 자녀 교육, 문화·의료 혜택 등 이런저런 이유로 수도권에서 완전히 벗어나려 하지 않는다. 실제로 귀촌인은 서울과 가까운 경기도를 가장 선호한다. 이는 정부의 귀농·귀촌 통계에서도 확인된다. 귀촌 인구의 지역별 비중을 보면, 경기도는 2012년 42.1%, 2013년 39.5%, 2014년 30.3%로 압도적인 1위를 차지했다. 수도권 접경지이면서 고속도로와 고속전철을 이용한 접근성이 좋은 충북, 강원 등 범수도권 지역도 인기다. 그러나 과감하게 수도권과 단절하고 경상도, 전라도 등 남쪽 지방으로 내려간다면, 부담스럽지 않은 비용으로 훨씬 큰 땅을 장만할 수 있다. 입지 선택은 도 단위의 광역적 결정을 먼저 한 다음, 군→읍면→리→개별 터 단위로 범위를 좁혀 나간다.

"시골 땅값이 왜 이렇게 비싸!"

전원생활 터 물색차 인근에 왔다가 우리 집에 들른 이들은 이렇게 따지듯 묻곤 한다. 강원도 산골짜기 땅값마저 비싼 것은 이유가 있다. 일단 수도권 수요가 제 발로 찾아온다. 두 번째는 구조적인 문제인데, 외지인 중심의 땅 소유 구조와 과도한 '중개수수료 거품' 때문이다. 국토교통부의 '전국 토지 소유 현황'(2012년 말 기준) 통계에 따르면, 강원도 땅의 경우 외지인 소유 비율이 50.3%로 나타났다. 하지만 현지인 차명, 위장 전입자 등을 포함하면 70%에 달할 것이라는 게 현지 부동산중개업계의 추산이다. 시골 땅 거래는 외지인 땅 위주로 이뤄지는데, 이들 땅은 대개 투자 차원에서 사둔 것이기에 매도 가격이 높게 형성된다. 또 시골 땅 거래 가격에는 법정수수료가 무색한 거품이 끼어 있다. 이장, 구멍가게 주인, 지역 유지 등 '뚐방(무허가 중개인)'이 끼어들어 자기 몫을 요구하다 보니 땅주인이 내놓는 가격보다 최고 50% 비싸게 소개되기도 한다. 이런 뚐방 대열에는 간혹 귀농·귀촌 선배나 지인도 끼어 있으니 주의해야 한다.

따라서 시골 땅을 구할 때는 반드시 본인이 땅에 대한 평가 기준(향,

접근성, 경관 등)을 세우고, 스스로 판단해서 결정해야 한다. 관심 지역의 매물을 부지런히 찾아 입지 특징과 장단점을 비교하고 6개월 이상 시세의 흐름을 지켜보면 서서히 호불호와 적정가를 판단할 수 있게 된다. 결국 발품을 많이 팔수록 소망(전원생활)은 가까워진다.

좋은 땅, 나쁜 땅, 이상한 땅

나와 가족의 전원 안식처를 찾고자 한다면 그 기준은 '보기에' 좋은 땅이 아니라 '살기에' 좋은 땅이어야 한다. 물론 보기에도 좋고 살기에도 좋다면 금상첨화겠지만, 사실 그런 땅은 극히 귀한 데다 이미 임자가 있다. 사람이 살기에 좋다면 좋은 땅이요, 보기에만 좋다면 나쁜 땅이다. 좋은 땅과 나쁜 땅은 어찌 보면 좋은 사람과 나쁜 사람을 가려내는 것만큼이나 구분이 쉬울 수 있다. 하지만 이상한 땅은 이상한 사람만큼이나 판단하기 애매하다. 예를 들어 보자.

경기도 파주시에 가면 한강과 임진강을 끼고 있는, 높이 194m의 야트막한 심학산을 만나게 된다. 이 산과 교하 일대는 풍수지리상 명당으로 손꼽히는 곳이다. 이 산에는 전원주택단지가 몇 곳 있는데, 그중 가장 고급스러운 단지 뒤편에는 작은 공동묘지가 붙어 있다. 혐오시설인 공동묘지에 접한 전원주택단지라면 보통 거들떠보지도 않는다. 하지만 이 단지를 선택한 사람들은 오히려 이 작은 공동묘지를 '명당의 조건'으로 받아들이는 것 같다. 이렇듯 묘지 주변 땅이라도 어떤 사람들은 명당 터로, 어떤 사람들은 기피 터로 여긴다. 이중적인 잣대가 적용되는 셈이다. 대부분 시골 땅 주변에는 크고 작은 묘지가 많다. 물론 대규모 공동묘지라든가, 북향이나 습한 땅에 들어서 있어 으스스한 느낌을 준다면 피하는 게 상책이다.

미인박명(美人薄命). 미인은 불행한 일이 따르기 쉽고 요절하기 쉽다는 말이다. 이는 일부 '미인 땅'에도 그대로 적용된다. 입지 조건이 워낙 뛰어나다 보니 뭇사람들의 욕심을 도발하고, 그 결과 기구한 운명에 처하기 쉽다. 강원도 춘천시에 그런 땅이 있다. 동남향의 탁 트인 전망에 아름다운 주변 산수, 경춘고속도로와 복선전철 이용 등 많은 장점을 갖춘 미인 땅이다. 그러나 치명적인 매력을 뽐내다 보니 사기꾼, 투기꾼이 많이 꾀었다. 소송과 고발 등 각종 싸움의 후유증으로 깊은 상처만 남았다. 얼핏 한눈에 확 반할 만큼 좋은 땅이지만 그 내력을 들여다보면 나쁜 땅으로 드러나는 이상한 곳이다. 사람도 그렇겠지만 미인 땅이라고 무조건 좋은 땅은 아니다.

'맹지 아닌 맹지'도 이상한 땅 중 하나다. 길이 없는 맹지는 집을 지을 수 없기 때문에 당연히 나쁜 땅으로 분류된다. 하지만 맹지 중에서도 인접한 땅의 사용 승낙을 받아 길을 내거나, 개울이나 작은 하천 건너 다리를 놓으면 팔자가 바뀌어 일약 금싸라기 땅이 된다. 하지만 이런 땅의 운명은 누구도 장담하기 어렵다. 맹지 아닌 맹지를 가려내는 혜안이 있어야 할 뿐 아니라 운도 따라야 한다. 그렇지 않으면 영원한 맹지로 남아 애물단지가 될 뿐이다.

지방 문화재 보호구역의 땅도 장단점이 섞여 있는 이상한 땅이다. 수도권의 경우 문화재 보호구역은 개발 행위 및 건축 허가를 받기가 까다롭다. 각종 규제도 가해진다. 따라서 땅값도 매우 낮다. 반면 시골의 문화재 보호구역은 개발 행위 허가에 시간이 좀 더 걸리고 관련 비용이 다소 추가된다는 단점이 있지만 집을 짓는 데는 별문제 없다. 특히 축사 등 농촌 혐오시설이 들어설 수 없기에 쾌적한 주거환경을 되레 강화시켜 준다. 또한 문화재는 지역 및 개별 땅의 가치 상승에도 일조한다.

일반적으로 좋은 땅이란 수려한 자연경관과 접근성(고속도로 나들목, 복선전철역)을 갖춘 곳, 각종 자연재해로부터 안전한 곳, 병원·학교·시장 등 농촌 기반시설 이용이 편리한 곳, 배산임수·북고남저(北高南低)·남향 등 풍수지리 조건을 갖춘 곳 등이다. 반대로 이를 제대로 갖추지 못했다면 나쁜 땅이다. 특히 지금까지 인기가 높은 강과 저수지, 그리고 계곡에 바로 접한 땅은 투자 측면에선 유리할지 몰라도 자연재해에 취약하고 높은 습도와 낮은 일조량 등 건강에는 좋지 않다. 나쁜 땅을 좋은 땅으로 만드는 게 불가능하지는 않지만 시간과 돈이 많이 든다.

좋은 땅과 나쁜 땅은 대개 드러나 있지만 이상한 땅은 주인이 어떻게 받아들이고 가꾸느냐, 또 그 땅의 팔자에 따라 좋은 땅이 될 수도 있고 나쁜 땅이 될 수도 있다. '양날의 검'과 같다고나 할까. 이를 선택할 것인가, 말 것인가는 각자의 몫이다.

땅과의 금지된 사랑

나는 귀농을 결심한 뒤 홍천과 인제에서 인생 2막의 터를 찾기로 마음먹고, 시간이 날 때마다 산골 구석구석을 헤집고 다녔다. 여러 부동산중개업소와 지인들로부터 꽤 많은 땅을 소개받았지만, 딱히 마음에 와 닿는 곳이 없었다. 그러던 중 2010년 겨울에 지금의 터를 만났는데, 한눈에 '여기다!' 하는 느낌이 왔다. 배산임수에 남향, 탁 트인 조망 등 객관적인 기준 외에도 뭔가 아늑하고 편안한 '끌림'이 있었다. 그러나 흠결 없는 땅은 없는 법. 그 땅과 접한 산자락 끝에 여러 개의 무덤이 있었다. 지적도상 폭이 좁고 굴곡진 진입로도 풀어야 할 숙제였다. 물론 이런 이유로 땅값은 상대적으로 저렴했다. 아내에게 의견을 물으니 "느낌이 좋다"며 반색했다. 전원생활은 물론이고 터 구하기에서도 아내의

동의는 필수다. 부부간 의견이 일치하지 않는 땅은 두고두고 불화의 원인이 될 수 있다. 이후 다른 땅들을 보고 또 보았지만, 더 이상 끌림이 없었다. 이듬해 봄까지 우리 부부는 첫눈에 반한 땅과 주변 지역을 몇 차례 더 답사한 뒤에야 비로소 매매 계약을 했다. 시골 땅 구하기 격언 중에 '망설이면 놓치고, 서두르면 당한다'는 말이 있다. 어느 정도 그 땅의 장단점이 파악되고 '호불호'에 대한 판단이 서면 때론 과감한 결단이 필요하다.

땅과의 연애에서도 꼭 '금지된(?) 사랑'에 빠지는 사람들이 있다. 수년 전 강원도 H군의 산 좋고 물 좋은 곳에 부지런히 주말 주택을 마련한 J 씨(55)가 그렇다. 전문직이었던 그는 애초 이뤄지기 어려운 사랑을 선택했다. 너무도 아름다운 숲과 계곡에 송두리째 마음을 빼앗긴 나머지 자연환경보전지역 안에 있는 땅(농지)을 덜컥 사버린 것이다. 외지 도시인들이 이 땅에 전원주택을 짓기란 거의 불가능하다.

J 씨는 애초 현지인(농민) 명의를 빌려 계약한 뒤 농민에게만 혜택을 주는 농업인 주택을 지어 이를 한꺼번에 양도받을 생각이었다. 그러나 이는 불법인 데다 자칫 추후 소유권 분쟁에 휘말릴 소지도 있었다. 고민 끝에 그는 일단 땅을 자신의 명의로 돌려 놓고, 집을 지을 수 있는 다른 방법을 찾아 나섰다. 관련 법령을 연구하고, 공인중개사·토목측량업자 등 '해결사(?)'도 두루 만났다. 지성이면 감천이라 했던가. 운이 따랐다. 때마침 J 씨가 사놓은 땅 주변이 고찰과 계곡을 중심으로 관광지화 사업이 진행 중이었다. J 씨는 근린생활시설(소매점)로 꿈에 그리던

내 집을 마련할 수 있었다.

　J 씨처럼 각고의 노력 끝에 금지된 사랑의 해법을 찾는 사례도 있다. 그러나 그에 따른 시간과 비용, 그리고 마음고생을 각오해야 한다. 최악의 경우 이루지 못한 사랑으로 끝날 수도 있다는 점을 명심해야 한다. J 씨와 반대로, 전직 공무원인 P 씨(60)는 "땅 사서 집 지으면 10년 더 늙는다"는 귀촌 선배들의 충고를 받아들여 아예 경기도시공사에서 가평에 조성 중인 전원주택을 분양받는 방법을 택했다.

　황혼이혼이 낯설지 않은 요즘, 백년해로한 부부는 하늘의 축복을 받은 것일 게다. 그렇다면 땅과 사람의 인연은 어떨까. 강원도 인제에서 농사를 짓고 사는 K 씨(60) 부부는 1980년대 초 결혼과 동시에 도시를 떠나 산골에 둥지를 틀었다. 당시 그가 산 땅은 무려 3만 3000m²(약 1만 평). 그러나 그가 지불한 돈은 3.3m²(1평)당 100원, 총 100만 원에 불과했다. 지금 이 땅의 가치는 3.3m²당 10만 원은 족히 되니, 35년간 무려 1000배나 오른 셈이다. 더구나 마을 주민들은 땅값이 뛸 때마다 하나둘 팔고 떠났지만, 그는 되레 추가로 사들여 현재 소유한 땅만 10만 m²(3만 250평)에 이른다. 뛰고 나는 강남의 복부인일지라도 산골 농부의 묵묵한 땅 사랑과 그에 따른 '의도하지 않은' 땅테크를 능가할 순 없을 것이다.

　전원생활 터를 보고 첫눈에 반할 수도, 그 터와 금지된 사랑에 빠질 수도 있다. 그러나 처음부터 입지와 가격, 그리고 인허가 과정에 이르기까지 완벽하게 만족할 만한 땅을 만나기란 어렵다. 모자라는 부분은 매입 후 진심으로 사랑하고 열심히 가꾸다 보면 더욱 살기 좋은 땅, 가치 있는 땅으로 바뀌게 된다.

인연의 땅, 입지 여행을 떠나 볼까

매년 10월 8, 9일은 절기상 한로(寒露)다. 이슬이 찬 공기를 만나 서리로 변하기 직전이다. 이즈음 농촌의 들판은 황금물결로 넘실거리고, 산은 오색단풍이 더욱 짙어진다. 귀농·귀촌에 관심이 많거나 준비 중인 도시인들이 단풍 구경을 겸해 인생 2막의 터를 찾아 나서는 시기이기도 하다. 내가 살고 있는 강원도 홍천군에는 오지 중 오지로 꼽히는 내면이라는 곳이 있다. 평균 해발 650m에 이르는 고랭지로 채소와 산채를 주로 재배한다. 특히 '가을의 정원'으로 불리는 4만여 m² 규모의 은행나무 숲(광원리)은 매년 10월 일반인에게 무료로 개방된다. 전원생활 터를 찾고자 한다면 인근의 명개리와 '홍천 9경' 중 하나인 살둔계곡(율전리) 일대를 함께 둘러보아도 좋다.

순백의 아름다움을 연출하는 이색적인 숲길을 걸어 보는 것은 어떨까. 강원 인제군 인제읍 원대리에는 하얀 자작나무 숲이 있다. 왕복 6km의 숲길을 산책하면서 오감으로 자연과 소통하는 곳이다. 내린천을 사이에 두고 원대리와 마주보고 있는 하추리 일대도 귀촌지로 관심을 가질 만하다. 10월은 단풍의 계절이자 수확의 계절이다. 그만큼 먹을거리와 체험거리도 풍부하다. 가족과 함께 체험과 휴양을 즐기며 주변의 전원생활 터도 답사해 보자. 서울에서 가까운 경기도 내 체험휴양마을 가운데 가평군 상면 행현2리에 위치한 아침고요푸른마을이 있다. 축령산과 아침고요수목원이 가깝다. 행현1리, 임초리, 덕현리 등 주변 마을까지 넓혀 인연의 땅을 찾아볼 수 있다. 오가는 길에 가을 바다를 보고 싶다면 동해안 쪽으로 가보자. 해발 700m 이상에 위치한 강릉시 왕산면 대기리마을은 주변의 고산식물과 소나무 숲 등이 원시림을 방불케 한다. 양양군 서면 서림리의 황룡마을 또한 청정함과 풍광이 남다르다. 서울~홍천~양양 고속도로의 나들목(IC)이 2017년 개통되면 수도권 접근성이 크게 개선될 것이다.

장래 귀농·귀촌지를 선택할 때 선배들의 조언만큼 귀중한 팁도 없다. 충북 보은군 마로면 기대리 선애빌은 2010년 귀농·귀촌한 30여 가구로 구성된 공동체 마을이다. 이곳은 자연과 사람이 교감하는 친환경적인 삶과 대안 문화를 추구한다. 공동체 마을에 관심이 있다면 한번 찾아가 보는 것도 좋을 듯싶다.

가을의 황금들녘은 바라보기만 해도 절로 배가 부르다. 경북 상주시

경천대는 낙동강 1300리길 가운데 으뜸으로 꼽히는 절경이다. 매년 가을이면 강 건너 중동면 회상리 들녘이 금빛으로 물들어 장관을 이룬다. 경북 안동시 풍천면 하회마을과 예천군 용궁면 회룡포마을, 강원 홍천군 남면 남노일리마을 등도 가을 강과 황금들녘이 어우러진 풍광이 일품이다. 주변에서 귀농·귀촌지를 물색해 볼 만하다.

가을단풍 구경 길에 둘러볼 만한 인생 2막 터가 어디 이뿐이겠는가. 이런 곳은 전국 곳곳에 차고 넘친다. 그러나 가을단풍에 취해 한눈에 반한 터가 있다고 하더라도 바로 계약하는 등 성급하게 결정하는 것은 금물이다. 가을단풍 명소 주변은 이미 펜션이나 음식점, 숙박시설 등이 대거 들어서 있어 호젓한 전원생활을 즐기기에는 되레 부적합한 곳도 많다. 차라리 조금 떨어져 있더라도 수시로 찾아가 즐길 수 있는 곳을 택하는 것이 좋다.

전원생활 터는 '전원'보다 '생활'에 방점을 두어야 한다. 주말에만 이용하는 세컨드하우스가 아니라면 365일 가족이 함께하는 삶터이기 때문이다. 따라서 전원생활 터는 '보기 좋은' 땅이 아니라 '살기 좋은' 땅을 골라야 한다. 가을단풍에 반해 향과 입지, 자연재해, 이웃 관계, 시골 생활 인프라 등을 고려하지 않고 덥석 땅부터 매입하면 안 된다. 나중에 집을 짓고 살면서 "아이고!" 후회하기 십상이다. 그래서 '시골 땅은 낙엽이 다 떨어진 겨울에 보라'는 격언도 있다. 화려했던 단풍이 지면 그 터의 민낯과 생활의 불편함이 그대로 드러나는 법이다.

인생 2막의 길은 1막과 달리 잘못 들어서면 되돌리기가 너무나 버겁다. 그래서 애초에 시행착오를 최소화해야 한다. 만약 보기 좋은 터와 살기 좋은 터를 놓고 갈림길에 서게 된다면 당연히 후자를 택하는 것이 상책이다.

⦂ 산 좋고 물 좋은 자연 명당 찾기

  전원생활이 '도시인의 로망'으로 불리는 이유는 뭘까? 치열하고 각박한 도시 생활에 심신이 지쳐 산수(山水)가 어우러진 곳에서 느림, 여유, 안식, 힐링을 얻는 자연인의 삶을 갈망하기 때문일 것이다. 이 로망을 현실로 만들고자 한다면 일단 그런 자연환경을 갖춘 터부터 찾아 나선다. 한마디로 산 좋고 물 좋은 곳, 자연 명당이다. 우리나라는 국토의 64%가 숲으로 둘러싸인 대표적인 '산의 나라'다. 실제로 우리나라는 OECD 회원국 가운데 네 번째로 산림 비율이 높다. 전체 산림의 68%가 사유림이고, 국유림과 공유림이 각각 24%, 8%이다. 산은 계곡을 품고, 깨끗한 계곡물은 모여 하천(강)을 이룬다. 열심히 발품을 팔고 다니면 청정 숲과 물이 어우러진 자연 명당을 만날 수 있다. 전원생활 수요가 가장 많이 몰리는 수도권과 인접 강원·충청권으로 떠나 보자.

먼저 남한강과 주변 명산을 따라 형성되는 '전원 벨트'는 충북 단양·제천·충주→강원 원주→경기 여주→양평으로 이어진다. 충청권에서 남한강과 충주호를 감싸 안은 명산은 소백산, 월악산, 태화산, 비봉산, 금수산, 주봉산 등이다. 충주호를 빠져나온 남한강은 충주시 소태면과 원주시 부론면을 지나 수도권인 여주시 점동·강천면으로 진입한다. 여주 위쪽으로는 양평군 강상·강하면 등이 이어진다.

북한강과 주변 명산을 잇는 전원 벨트는 강원 화천→춘천·강촌→경기 가평→양평으로 이어진다. 북한강은 화천 평화의 댐을 지나 파로호에 이르고 화천읍을 지나 춘천으로 흘러간다. 주변에는 사명산과 용화산이 우뚝 솟아 있다. 춘천 의암호와 삼악산은 멋진 산수화를 완성한다. 인제와 양구를 거쳐 온 소양강이 이곳에서 합류한다. 가평군 청평호 주변에는 멋진 호명산과 화야산이 서 있다. 이어 양평군 서종면을 거쳐 양서면 양수리에서 북한강과 남한강은 하나가 된다.

'대한민국의 젖줄'인 한강은 주변의 크고 작은 강들이 모여 만들어진다. 홍천강(홍천)은 북한강으로 흘러드는 대표적인 지류다. 남한강으로는 섬강(횡성·원주)과 평창강(평창), 동강(영월·정선) 등이 유입된다. 이들 강 주변으로 금학산·팔봉산(홍천강), 태기산·봉복산(섬강) 등 명산이 즐비하며, 때 묻지 않은 자연 명당을 만들어 낸다. 오대산과 계방산이 둘러싼 홍천군 내면의 내린천 최상류 지역은 평균 해발 650m 이상의 고랭지로, 희귀 어종인 열목어가 서식하는 등 청정한 자연환경이 돋보인다.

자연 명당을 말하면서 풍수지리를 빼놓을 수 없다. 산자락의 명당은 산의 얼굴 쪽 땅이다. 산은 얼굴과 등으로 나뉘는데, 경사가 가파른 쪽이 등이고 완만한 쪽이 얼굴이다. 산 정상에서 마을로 뻗어 내린 지맥 중 기세가 활달하고 길이가 긴 '주지맥'은 항상 산의 얼굴 쪽에 자리한다. 풍수에서는 또 배산임수의 지역이라도 물이 둥글게 감싸 안듯 흐르는 곳을 명당이라고 본다. 우리나라 전통 마을은 대개 풍수에서 중시하는 배산임수, 남향 등 명당의 조건을 갖추고 있다. 그러나 이들 전통 마을은 집성촌 등 씨족 사회 분위기가 강하기 때문에 전원 터를 마련하고자 한다면 마을 중심이 아닌 외곽 쪽이 좋다.

전원생활의 주된 목적 중 하나는 병 없이 건강하게 노후를 보내는 것, 즉 무병장수다. 자연과 더불어 느리게 살아가는 전국 장수마을은 이상적인 자연 명당의 모델이기도 하다. 2000년대 들어 발표된 장수 관련 각종 정부 통계나 대학의 연구결과를 보면, 장수마을이 가장 많은 곳은 전남이다. 함평, 구례, 장성, 강진, 보성 등이 대표적이다. 또 우리나라의 대표적인 장수 벨트로 꼽히는 '구곡순담'도 지리산과 섬진강 주변의 전남 구례와 곡성, 전북 순창, 전남 담양 등 전라도 지역을 일컫는다. 충북에서는 영동군이 100세 이상 장수 노인 비율(2013년 말 기준 0.05%, 26명)이 가장 높은 것으로 조사되었다.

"자연과 가까울수록 병은 멀어지고, 자연과 멀수록 병은 가까워진다."

괴테의 말이다. 자연 명당은 우리에게 건강과 느림, 안식을 선물한다.

이런 자연 명당은 신선처럼 유유자적하며 살기에 안성맞춤이다. 도시와 욕심을 내려놓는다면 더 이상 무엇이 필요하랴.

; 돈 되는 전원 명당 찾기

전원생활 터를 구하는 사람 10명 가운데 9명은 본인이 선택한 땅이 쾌적한 전원생활은 물론이요, 투자 가치까지 가져다주길 바란다. 미래 가치가 높아 향후 돈이 될 만한 땅, 전원생활에 필요한 돈을 버는 데 유리한 땅을 찾는 것이다. 이른바 '현대판 전원 명당'이다. 그렇다면 돈이 되는 전원 명당의 조건들은 무엇일까.

제1의 조건은 바로 '길(교통·접근성)'이다. 풍수에서는 '길은 곧 돈'으로 해석한다. 땅 투자의 가장 기본 역시 '도로 옆 땅에 돈을 묻어 두라'는 것이다. 청정한 환경을 갖추고 잘 깔린 교통망을 기반으로 편리한 전원생활이 가능한 땅은 그 자체로 값이 뛴다. 서울(수도권) 접근성이 좋은 고속도로 나들목과 복선전철역 일대가 그렇다. 서울 접근성이 좋은 곳은 도시와 전원을 오가며 이중생활을 즐기는 이른바 '멀티 해비테이션 (Multi-Habitation)' 주거 유형에 적합하다. 서울 출퇴근도 가능하다. 예를 들어 경기도 남양주시 조안면 운길산역(중앙선 복선전철) 역세권 일대 (조안·진중·송촌리)가 그런 곳이다. 북한강을 끼고 있는 가평군 달전리 가평역(경춘선 복선전철) 역세권에는 국내 최대 목조 주택 전원단지 '북한강 동연재'(141가구)가 조성되고 있다. 고속도로 나들목 인근 관심 지역으로는 서울~양양 고속도로 구간 중 2016년 말 개통 예정인 홍천군 내촌나들목(내촌·서석면), 2017년 하반기 개통 예정인 인제군 인제나들목 (상남면)과 양양군 양양나들목(서면) 일대를 들 수 있다. 이미 개통된 양평군 서종면 서종나들목 일대와 가평군 설악면 설악나들목 일대는 서울 접근성이 좋아 인기가 높다.

미래 가치를 품은 돈 되는 땅을 얻고자 한다면 무엇보다 넓게 보는 안목이 필요하다. 다시 말하면 '나무(개별 땅)'보다는 '숲(지역)'을 먼저 봐야 한다. 개별 땅값을 높여 주는 지역의 가치에 포커스를 맞춰야 한다는 이야기다. 빼어난 자연환경과 교통망에 더해 전통과 역사, 문화, 교육, 생활, 관광 등 '농촌 어메니티(amenity, 쾌적함)'가 풍부한 곳이어야 한다. 물론 지역 가치에 더해 개별 땅의 잠재 가치 또한 높은 곳이라면 금상첨화다. 다음 사례를 보자.

강원도 홍천군 내면에 살고 있는 K 씨(56)의 집과 대지는 1320㎡(약 400평)에 불과하다. 그러나 그가 실제로 사용하는 면적은 그 10배쯤 된다. K 씨의 집과 대지는 국유림과 국유하천에 둘러싸여 있는데, 그는 이를 훼손하지 않는 범위 내에서 야생정원, 텃밭, 산책로 등으로 이용하고 있다. K 씨는 "비싼 돈을 들여 조경하지 않아도 사시사철 소나무 숲에 둘러싸여 삼림욕을 즐긴다"며 "도시의 재벌 저택이 하나도 부럽지 않다"고 자랑한다. K 씨가 소유한 땅의 가치는 단순한 등기부상 면적이 아니라 덤으로 사용하는 국유지 프리미엄이 더해진 가격이 될 것이다. 그러면 돈 버는 전원 명당이란 어떤 입지일까? 이는 해당 지역 자체가 '잘사는 마을'의 비전을 갖추고 있는 곳이다. 사실 귀농이든, 귀촌이든 전원생활을 꿈꾸는 이들의 가장 큰 고민은 바로 '돈'이다. 시골에 내려가더라도 먹고사는 데 필요한 최소한의 수입은 조달해야 하기 때문이다. 돈 버는 마을은 대개 정부와 지자체가 지원하는 각종 사업을 활발하게 펼치고 있는 선도마을이다.

충남 태안군 남면의 '별주부마을'(원청·양잠·신온리)은 돈 버는 마을의 한 사례다. 이 마을은 지역 내 묘샘, 자라바위 등의 지명이 조선 후기 우화소설인 『별주부전』에 등장하는 지명과 똑같다는 점에 착안해 아예 별주부마을이라는 브랜드를 만들었다. 여기에 태안해안국립공원이라는 천혜의 환경을 살려 다양한 체험관광 프로그램을 운영해 짭짤한 농외소득을 올리고 있다. 강원도 정선군 남면 개미들마을도 대표적인 돈 버는 마을이다. 개미들마을은 2010~2015년 44억여 원이 투입된 농촌마을종합개발사업을 통해 전통학습 체험장을 비롯해 건강복지관, 농산물 판매장 및 체험장 등의 다양한 기반시설을 갖췄다. 이러한 시설을 토대로 농촌민박과 농사체험, 농촌문화체험 프로그램을 운영해 대표적인 농촌 부자마을로 변신했다. 전남 장흥군은 안양면 사자산 자락에 전원 신도시(로하스타운)를 조성 중인데, 입주자에게 일자리를 연계하는 소득형 전원 단지를 추구하고 있다.

개별적인 현대판 전원 명당 중 상당수는 '성형 명당'이라는 점도 주목할 필요가 있다. 얼핏 볼품없는 땅, 쓸모없는 땅이 토목 공사에 의해 일약 성형미인 땅으로 탈바꿈한다. 그러니 애초 좀 모자란 듯 보이는 땅이라도 성형수술(?)을 통해 전원 명당으로 거듭날 수 있는지 꿰뚫어 보는 혜안이 필요하다.

좋은 땅 저렴하게 사기

"시골에 땅 사서 집 지으려면 얼마나 들까요?"

전원생활을 소망하는 이들이 가장 궁금해하는 점은 이를 준비하는 데 들어가는 비용이다. 이에 대한 구체적인 답을 내놓기는 어렵다. 땅만 하더라도 수도권과 지방, 관리 지역과 농림 지역 등 위치(입지)와 용도에 따라 천차만별일 수밖에 없기 때문이다. 각종 귀농·귀촌 자료와 개별 상담을 통해 가늠해 보면, 예비 귀농·귀촌인들이 땅(대지+농지)과 집 마련을 위해 고려하는 예산은 대략 1억~3억 원 수준인 것 같다. 물론 개인 형편과 집·농지의 크기에 따라 이보다 적을 수도, 크게 늘어날 수도 있을 것이다. 만약 예산을 더 늘릴 수 없다면 전원생활의 기본 토대인 땅부터 저렴하게 구해야 한다. 어떤 방법이 있을까?

"정말 싼 땅이 나왔으니 남들이 채가기 전에 빨리 잡아라." 부동산업자의 말에 2010년 강원도 땅 1000㎡(302.5평·등기부 면적)를 3.3㎡당 15만 원에 매입한 K 씨(55)는 처음에는 대단히 만족했다. 당시 주변 시세가 3.3㎡당 20만 원 선이라는 걸 그도 잘 알고 있었기 때문이다. 그러나 값이 싸다는 생각에 지적도와 인터넷 위성사진만 보고 서둘러 산 것이 실수였다. 나중에 현장을 확인해 보니 땅의 4면 중 2면이 급경사지여서 K 씨가 실제로 사용할 수 있는 면적은 절반에 불과했다. 게다가 땅 평탄 작업을 위한 석축과 토목 공사에도 3.3㎡당 5만 원의 추가 비용이 발생했다. 실사용 면적(500㎡)을 기준으로 토목 비용까지 감안하면 K 씨는 그 땅을 3.3㎡당 15만 원이 아닌 35만 원에 산 셈이다.

땅 매입 비용을 계산하는 데 중요한 잣대 중 하나가 바로 3.3㎡당 가격이다. 사는 사람 입장에선 가격이 낮으면 낮을수록 좋다. 3.3㎡당 가격은 등기부상 면적이 아니라 실사용 면적을 기준으로 계산하는 게 맞다. 땅의 경사가 너무 급하거나 호우로 유실된 땅, 구거(인공적인 수로나 관련 부지)나 도로에 대거 편입된 땅 등은 등기부 상 면적보다 실사용 면적이 크게 줄어든다. 불구의 땅, 기형 땅들이 이런 유형의 땅들이다. 이를 사용 가능한 땅으로 만들기 위한 토목 비용도 만만찮다. 배보다 배꼽이 큰 경우도 있다. 시골 땅을 저렴하게 마련하기 위해서는 등기부 상 면적 기준으로만 싸게 느껴지는 '착시 효과'를 제대로 꿰뚫어 볼 줄 알아야 한다. 시골 부동산, 특히 땅의 최대 단점은 환금성인데, 실사용 면적으로 따져 본 3.3㎡당 가격이 높은 땅은 나중에 불가피하게 처분해야 할 일이 생겼을 때 손실을 보고 되팔 수밖에 없다.

시골 땅을 저렴하게 매입하는 방법으로 경매에도 관심을 가져 볼 만하다. 상당수 토지 전문가들은 2016년 이후 세계 경제와 한국 경제의 어려움이 가중되면서 부동산 시장 침체가 불가피하고, 그 결과 토지 경매 물건도 쏟아져 나올 것으로 내다본다. 그만큼 땅 수요자 입장에서는 선택의 폭과 저가 낙찰 기회가 넓어진다. 시골 땅 경매를 잘만 활용해도 전원생활 비용을 20~30%가량 절감할 수 있다. 사실 가장 적은 비용으로 전원생활을 실행할 수 있는 방법은 땅과 집을 빌리는 것이다. 귀농·귀촌 선배들은 한결같이 "덜컥 땅부터 사기보다는 농가와 농지를 임차해 살면서 농사를 지어 보고 자신이 생기면 그때 가서 매입해도 늦지 않다"고 충고한다.

농지 임차료는 지역별로, 땅의 용도와 비옥도 등에 따라 차이가 크다. 통계청의 농가 경제 조사에 따르면 2014년 임차료율(총수입 중 임차료가 차지하는 비율, 무상 임차지는 제외)은 15.4% 수준이다. 내가 사는 홍천의 경우 영농 여건 불리 농지(밭) 3300m^2(1000평)를 빌리는 데 연간 임차료(도지)는 대략 50만~150만 원 수준이다. 매입하든, 임차하든 좋은 땅을 구하려면 발품은 필수다. 또한 손품도 필요하다. 먼저 인터넷과 모바일을 통해 개별 땅에 대한 각종 정보를 파악한다. 토지 관련 정보는 한국토지정보시스템(KLIS·시도별 제공)이나 토지이용규제정보서비스(luris.molit.go.kr), 온나라부동산정보(www.onnara.go.kr)를 활용하면 좋다. 기본적으로 살펴야 할 토지 이용 계획(해당 토지의 특성과 규제 명시), 지적도, 토지 면적, 소유권 변동 사항, 공시 지가 등의 자료를 한눈에 볼 수 있다. 또 국토부 실거래가 공개 시스템(rt.molit.go.kr), 농지은행(www.fbo.or.kr)에 들어가면 농지 매물과 지역별 시세를 조회할 수 있다.

시골 땅 알박기를 조심하라

풍수에서 물(水)은 재물(돈)을 뜻하며, 길은 물길과 같다고 해석한다. 따라서 물과 길은 곧 돈이다. 굳이 풍수를 들먹일 것도 없이 지금의 시골길과 물 역시 여전히 돈으로 통한다. 접근성이 좋은 고속도로 나들목이나 복선전철역 주변의 땅값이 비싸듯, 물이 좋은 강변이나 계곡 주변도 마찬가지다. 그런데 도시든 시골이든 돈이 몰리는 곳은 늘 문제를 낳는다. 특히 어릴 적 친구 손잡고 노래하며 걷던 시골길은 이해관계가 실타래처럼 얽히고설켜 곳곳에 '부비트랩(건드리면 터지는 위장 폭탄)'처럼 깔려 있으니 정말 조심해야 한다. 방심하다가는 '행복한 전원생활'을 꿈꾸는 예비 귀농·귀촌인들이 발목 잡히는 경우가 생긴다.

"삭막한 도시를 내려놓고 여유롭고 정감 넘치는 전원생활을 위해 시골을 찾았지만 막상 현실에서 맞닥뜨린 시골길은 더 이상 어릴 적에 놀던 '정든 길'도, '마음의 고향'도 아니더군요."

6년 전 강원도 산골 마을로 들어온 C 씨(56)의 토로다. 그는 당시 매입한 땅의 지적도상 진입로의 폭이 다소 좁아 이웃 땅 주인에게 '토지 사용 승낙'을 받기로 했다. 그런데 이웃 땅 주인은 토지 사용을 승낙해 주는 대가로 C 씨가 산 매입가의 무려 5배(3.3m² 기준)를 요구했다. C 씨는 "수도권 개발 지역에만 '알박기'가 있는 줄 알았는데, 시골 알박기는 더 무섭더라"며 고개를 내저었다. 문제는 C 씨에게 심한 마음의 상처를 준 이 같은 '알박기 부비트랩'이 시골길 곳곳에 깔려 있다는 것. 특히 농로와 마을안길(새마을도로)로 불리는 기존 폭 3m의 시골길은 비법정도로(현황도로)로, 해당 지방자치단체도 체계적으로 관리하지 않는다. 그렇기에 인접 땅의 매수 또는 사용 승낙을 통해 새로운 진입로(현재 폭 4m 이상)를 확보해야 하는 경우가 생기는데, 이때 한탕주의식 알박기로 인해 갈등과 분쟁이 빈발하다.

더구나 토지 사용 승낙은 매매가 아니라 임대차 행위이기 때문에 이후 소유권 변동에 따른 권리다툼 소송 등 복잡한 후유증을 낳을 수 있다. 심지어 원주민 간에도 마을안길의 포장과 이용을 놓고 갈등을 빚곤 한다. 따라서 진입로가 불분명한 시골 땅을 매입하고자 할 때는 반드시 계약 전에 해당 관청이나 토목측량업체에 문의해 농지 전용 및 건축 인·허가를 받는 데 문제가 없는지 확인해야 한다. 또 토지 사용 승낙을 조건으로 할 경우에는 계약서에 단서로 명시하고, 가능하면 공증을 통해 임대차가 아닌 사실상 매매의 효력을 담보할 수 있도록 안전장치를 마련하는 것이 좋다. 그래서 개별 진입로도 확보하지 않고 넓은 임야를 바둑판처럼 잘게 쪼개 비싸게 파는 기획부동산의 땅은 아예 쳐다보지도 않는 것이 상책이다.

물은 또 어떨까. 대개 전원에서는 어디든 파면 물이 나온다고 생각한다. 하지만 정작 지하 100m 이상 굴착해도 필요한 만큼의 물을 얻기 힘든 땅이 의외로 많다. 심지어 지하수를 공동으로 이용하는 마을의 경우, 아예 주변 지하수 개발 자체를 금지하기도 한다. 따라서 전원생활 터를 구할 때는 물을 쉽게, 그리고 많이 얻을 수 있는 곳을 골라야 한다. 시골 땅의 매매 계약을 하기 전에 반드시 지역 지하수업자나 마을 주민을 통해 지하수 개발이 가능한지, 가능하다면 필요한 만큼의 물을 얻을 수 있는지 알아봐야 한다.

시골에서는 물이 모자란 것도 문제지만 넘쳐나는 것도 문제다. 갑작스러운 호우나 장마철에 급속히 불어난 강과 계곡물로 인한 축대 붕괴, 농지 유실, 농사시설 침수 등의 피해는 반복되는 연례행사다. 또한 오래전 시골 하천에 가로놓인 다리들은 높이가 낮아 집중호우 시 상당수가 물에 잠기곤 한다. 전원생활 터는 이런 자연재해로부터 안전한 곳이어야 한다. 지역을 답사할 때는 각 지자체에서 작성하는 재해정보 지도를 살펴보고, 특정 땅의 경우 동네 어른이나 이장에게 과거 재해 여부를 물어본다. 무엇보다 장마철에도 직접 발품을 팔며 수해 유무를 확인하는 열정을 가져야 한다.

⁝ 기획 영농 부동산 사기의 덫 피하기

'3000만~5000만 원으로 귀농·귀촌 성공하기.'

'월 소득 200만~500만 원대 가능.'

'정부와 지자체의 저리 대출 4억 원까지 가능.'

2015년 가을 수도권에서 열린 한 귀농·귀촌 박람회장 곳곳에는 다수의 '기획 영농 부동산(○○영농조합, ○○협동조합)'이 내건 이런 내용의 홍보물이 어지럽게 걸려 있었다.

박람회가 열린 사흘간 귀농귀촌종합센터와 강원도 홍천군 부스에서 귀농·귀촌 멘토로 활동하면서 귀농·귀촌 열풍을 자신들의 돈벌이 수단으로 이용하려는 소위 '업자'들의 적나라한 호객 행위를 낱낱이 지켜볼 수 있었다. 홍보물대로라면 귀농·귀촌에 관심이 있거나 준비 중인

이들의 눈이 번쩍 뜨이고 귀가 솔깃해질 만하다. 흔히 알려진 것보다 귀농·귀촌 자금을 훨씬 적게 들이면서 소득을 훨씬 많이 얻을 수 있으니 말이다. 그런데 막상 구체적인 상담에 들어가면 필요한 귀농자금은 2억~4억 원대로 크게 불어난다. 이에 당혹스러워하는 예비 귀농인들에게 이들은 "부족한 자금은 정부에서 지원하는 귀농 창업 자금을 활용하면 된다"고 안심시킨다. 이들의 말처럼 정부는 귀농인에게 농지 구입, 영농시설 마련 등 창업 자금으로 최대 3억 원, 주택 구입 및 신축 자금으로 최대 5000만 원까지 농협 등을 통해 대출 지원(연리 2%, 5년 거치 10년 분할 상환 조건)을 하고 있다.

그러나 이 대출 지원 혜택을 누구나 원하는 만큼 받을 수 있는 것은 아니다. 귀농 교육 100시간 사전 이수 등 신청 자격을 갖춰 해당 지자체의 심사를 통과해야 한다. 또 지원 대상에 선정된다고 하더라도 부동산 담보를 제공하거나 농림수산업자 신용보증기금(농신보)의 보증이 필요하다. 업자들의 말만 믿고 덜컥 계약부터 했다가는 낭패를 보기 십상이다. 결국 자신들이 개발하는 농촌의 땅(주로 임야)과 주거 시설, 영농 시설을 팔고자 하는 장사일 뿐이다. 이들의 호객 행위는 이미 '선'을 넘어섰다.

힐링 전원생활과 고소득을 내건 기획 영농 부동산들의 사업 청사진은 자못 화려하다. 심지어 몇천 채가 들어서는 휘황찬란한 조감도를 내보이기도 한다. 하지만 분양 실적이 부진하면 사업 차질이 불가피하고, 그에 따른 피해는 고스란히 계약자들의 몫이다. 애초 사기성 분양이었다면 들어간 돈을 모두 날리게 된다.

귀농·귀촌 호객 행위는 인터넷을 통해서도 광범위하게 펼쳐지고 있다. 한 귀농·귀촌 전문가는 "포털 사이트에 '귀농귀촌'을 입력하면 검증 안 된 블로그나 카페 정보가 마구 쏟아져 나온다. 이로 인해 사기 등의 피해를 보는 경우가 의외로 많다"며 주의를 당부했다. 또 부동산 전문가들은 기획 영농 부동산 대부분은 한때 땅 사기 행위로 세상을 떠들썩하게 했던 기획부동산의 변종이라고 설명한다. 귀농·귀촌 열풍을 이용해 기존에 땅만 쪼개 팔던 방식에 고소득 영농을 결합시켰다는 것이다. 기획 영농 부동산은 미심쩍어하는 고객이 현장을 보자고 하면 실제 터가 아닌 다른 곳으로 안내하기도 하는 등 그 수법이 매우 교묘한 것으로 알려져 있다.

기획 영농 부동산의 사기 피해를 당하지 않으려면 계약 전에 반드시 몇 가지를 확인해야 한다. 먼저 사업 예정지 지번을 알아내 현장을 방문한다. 이어 땅 소유권 등 권리 관계를 파악하고 개별 분할 등기가 가능한지 확인한다. 또 해당 지자체에 개발 행위 및 농·산지 전용, 건축 인허가가 가능한지 확인한다. 이어 귀농인 대출 지원 자격을 얻을 수 있는지 해당 지자체에 문의하고, 자격이 된다면 실제 대출금은 어느 정도인지 농협, 농신보에 미리 알아본다. 마지막으로 업자들이 제시한 고소득이 과연 가능한지도 철저하게 검증해 보아야 한다.

인생 2막 귀농·귀촌으로 가는 길 곳곳에 숨어 있는 기획 영농 부동산의 덫에 걸려들지 않으려면 예비 귀농·귀촌인 스스로 조심하는 게 최선이다. 또한 더 큰 사회 문제로 번지기 전에 정부 당국과 지자체에서도 사전 예방 대책 마련에 적극 나서야 한다.

06

집 테크!
좋은 집, 나쁜 집,
이상한 집

내 맘대로 짓기보다 잘 팔릴 전원주택을 지어라

외국계 은행의 임원인 K 씨(57)는 오래전부터 산 좋고 물 좋은 강원도에서의 행복한 전원생활을 꿈꿔 왔다. 그래서 2013년까지만 해도 남편과 함께 주말마다 전원 터를 찾아 강원도 곳곳을 누비고 다녔다. 하지만 K 씨는 현재 서울 강남 아파트를 팔고 경기도 성남시 판교에 단독주택을 짓고 산다. 도시를 모두 내려놓기 어려운 여러 가지 현실적인 제약 때문에 결국 도시 농부와 매한가지인 '도시형 전원생활'을 택한 것이다.

도시인의 로망이 전원생활이라지만 누구나 대중가요의 가사처럼 '저 푸른 초원 위에 그림 같은 집을 짓고' 살 수는 없다. 현실에서는 도시와 전원의 '이중생활'을 선택하는 사람들이 의외로 많다. 이들은 땅값은 비싸지만 가까운 수도권 택지개발지구 내 단독주택지, 도시 근교의 전원주택 단지를 찾는다. 개별 땅을 사서 전원주택을 짓는 사람들도 많다. 정부 통계를 보면, 매년 귀촌하는 10명 가운데 3~4명꼴로 경기지역을 선택했다. 멀리 가더라도 대개 강원, 충북 등 수도권과 접한 가까운 곳에 머문다.

이렇다 보니 집도 택지개발지구 내 전원형 단독주택을 비롯해 단지형 전원주택, 개별 전원주택 등 다양하다. 기존의 획일적인 아파트 주거에 대한 거부감과 그에 따른 단독주택 선호 현상, 그리고 전원생활에 대한 동경이 맞물려 빚어낸 주거문화 변화의 큰 흐름인 것 같다. 진짜 전원생활이든, 도시형 전원생활이든 아파트를 내려놓은 사람들은 일생일대의 중대한 결정에 봉착한다. 바로 내 집 짓기다. 사실 전원주택 등 단독주택을 새로 마련하려는 사람들 대부분은 생전 처음으로 집을 지어 본다. 그중에는 아예 단독주택에 살아 보는 것 자체가 처음인 사람도 있다. 그들은 평생 처음 짓는 내 집에 대해 마냥 행복한 꿈을 꾼다. 어릴 적 살았던 집에 대한 희미한 기억, 건축 잡지나 건축박람회를 돌아다니면서 귀동냥과 눈대중으로 모은 정보, 나름대로 발품을 팔아서 보고 다닌 자신의 눈썰미를 바탕으로 그림을 그리기 시작한다. 평생 한 번 지어 보는 집에 대한 꿈이 그렇게 현실이 된다.

문제는 자신의 꿈을 모두 현실로 옮기려는 데서 비롯된다. 어떤 경우든 집을 지을 때는 언젠가 불가피한 사정으로 그 집을 팔 수도 있다는 것을 염두에 두어야 한다. 즉 다른 사람의 눈으로 내 집을 봐야 한다. 집 수요가 많은 수도권에 비교적 고가의 단독주택, 전원주택을 짓는 경우는 더욱 그렇다. 내 생각만으로 지은 집은 나중에 매물로 내놓더라도 외면당하고, 팔린다고 하더라도 손해를 감수할 수밖에 없다. 내 마음속에 꾹꾹 다져 놓았던 집에 대한 생각들의 절반은 덜어 낼 각오를 해야 한다. 특히 주택의 구조, 평면에 대한 생각은 일반적인 트렌드를 따르는 것이 좋다. "그렇게 특징 없이 지을 거라면 그냥 아파트에 살지, 뭐 하러 고생하면서 단독주택을 짓느냐"고 반문할 수도 있다. 그러나 절반의 생각을 덜어 내더라도 내 생각을 반영할 부분은 넘칠 정도로 많다. 똑같은 도면으로 집을 짓더라도 외장 마감재의 색상, 재질에 따라 전혀 다른 집이 된다. '획일적인' 아파트 짓기와 '창조적인' 단독주택 짓기의 다른 점이 바로 여기에 있다. 그 확장성을 넓히는 데 자신의 상상력을 얼마든지 쓸 수 있다.

부동산 시장에서 단독주택의 최대 단점은 환금성이 낮다는 것이다. 왜 그럴까. 모두들 각자 마음대로 짓기 때문이다. 그래도 아파트가 잘 팔리는 것은 같은 규격의 물건이 시장에 많아 수요자가 선택할 수 있는 폭이 넓기 때문이다. 전원주택, 단독주택 역시 표준화·규격화하게 되면 대량 생산을 통한 비용 절감이 가능하고, 이는 곧 상품의 질로 연결된다. 수도권의 경우 다양한 형태의 전원주택 단지들이 많이 개발되고 있다. 환금성을 염두에 둔다면 이런 단지형 주택에도 관심을 가질 필요가 있다.

'천 리 길도 한 걸음부터'라는 속담처럼 집을 짓는 데도 거쳐야 할 과정이 있다. 징검다리를 먼저 보고 물을 건너야 하듯이, 나중에 불가피하게 집을 내놓아도 팔릴 수 있는 집을 짓는 게 중요하다. 내 생각의 절반을 덜어 낸 그런 집이라면 두 다리 뻗고 잘 수 있다.

전원주택도 겉보다 속이다

세상에서 가장 재미있는 구경거리는 뭘까. 흔히 (강 건너) 불구경, (남들끼리의) 싸움 구경 정도로 알고 있지만 집 구경도 그중 하나다. 특히 집은 많이 볼수록 눈썰미가 좋아진다. '아파트 공화국'인 우리나라에서 아파트 구경은 모델하우스가 수시로 열리므로 그 기회가 넘쳐나지만 단독주택은 아무리 잘 지은 집이라 하더라도 맘대로 구경할 수가 없다. 심지어 단지형 전원주택도 사정은 비슷하다. 30채 미만 단지가 대부분이다 보니 제대로 샘플하우스를 지어 놓고 분양하는 곳은 손에 꼽을 정도다. 샘플하우스가 있다고 하더라도 구경하려면 먼 현장까지 직접 발품을 팔아야 한다.

마당과 정원이 딸린 전원주택, 단독주택은 땅과 건물의 결합체다. 아파트도 땅 위에 짓는 건축물이긴 하지만 단지 위치가 중요하지 마당은 별 의미가 없다. 선(先)분양 방식의 아파트는 완공 전에는 동·호수별로 내 집을 직접 확인할 수 없기 때문에 굳이 현장에 가볼 필요도 없다. 그러나 단독주택, 특히 전원주택은 개별 필지로 구획된 대지에 집을 짓기 때문에 대지의 입지조건이 주택의 가치를 절대적으로 좌우한다. '그 현장'에 지어진 집이 아니라면 의미가 없다. '부동산은 입지'라는 말은 아무리 강조해도 지나치지 않다. 따라서 내 집을 짓기 전에 가급적 많은 집을 둘러보는 게 좋다. 다른 사람의 눈을 통해 내 집의 개성과 상품성을 동시에 갖추는 데 필요한 아이디어를 얻고 안목을 높일 수 있다. 당연히 이때 집뿐 아니라 입지적 장단점도 꼼꼼히 살펴본다. 물론 지역별로 흩어져 있는 전원주택(단지)들을 일일이 찾아다니는 것도 쉬운 일이 아니다. 한나절 품을 팔아 한두 곳 구경하기도 빠듯하다. 가까운 수도권을 중심으로 둘러보는 게 그나마 발품을 더는 방법이다. 가족이 함께 다니면 이후 집 설계 및 건축에 대한 공감대를 쉽게 이끌어 낼 수 있다.

수도권 전원주택(단지) 및 전원마을은 용인, 여주, 양평, 가평, 파주, 고양 등 도처에 들어서 있다. 주로 경부·영동·경춘 고속도로 등 고속도로 나들목 주변과 복선전철역 주변에 형성된 '전원주택 벨트'를 찾아다니면 집 구경을 실컷 할 수 있다. 수도권에 접한 충북 충주·제천, 강원도 원주·춘천·홍천 등지에도 둘러볼 만한 곳이 많다. 문제는 이런 식의 집 구경은 자칫 주마간산 격이 되기 쉽다는 것이다. 사실 살기 좋은 집이란 외관이나 마감재보다는 숨어 있는 구조재가 중요하다. 마감재는 살면서 얼마든지 바꿀 수 있지만 구조재는 재건축을 하지 않는 한 교체가 불가능하다. 그런데 집의 기능성은 구조재의 품질에서 90% 이상 좌우된다. 표준화·규격화된 구조재로 지은 단지형 주택은 이런 점에서 강점이 있다. 반드시 샘플하우스를 직접 확인하되, 화려한 마감재와 인테리어에 현혹되기보다는 구조재를 꼼꼼하게 챙겨 봐야 한다.

전체의 95%가 단독주택인 미국에서는 주택전람회라는 이벤트가 있다. 개발 중인 주택단지 한 블록에 각 시공사가 샘플하우스를 지어 동시에 공개하는 행사다. '꿈의 거리(Street of Dreams)'라고 불리는 이 행사는 오리건 주 포틀랜드에서 시작해 지금은 미국 전역에서 열리는데, 주택 시장의 새로운 트렌드를 제시하는 문화 이벤트로 자리매김했다. 나도 오래전에 이 전람회에 가본 적이 있는데, 마치 작품처럼 전시해 놓은 주택을 관람하면서 한 차원 높은 주거문화의 소통을 체험했다. 비록 규모는 작지만 국내에서도 이런 기회를 만날 수 있다. 경기도시공사와 드림사이트코리아가 공동으로 국내 최대 목구조 전원주택단지로 조성 중인 경기도 가평군의 '북한강 동연재'(총 141채) 단지에선 이런 샘플하우스를 제대로 구경할 수 있다. 내 집을 꿈꾸는 예비 건축주라면 집에 대한 안목을 높일 수 있는 좋은 기회이기도 하다.

전원생활을 염두에 둔 집 구경이라면 단순히 집만 볼 것이 아니라 집과 사람, 그리고 자연의 어울림을 하나로 묶어서 '감상'할 줄 알아야 한다. 자연과 더불어 집의 가치가 살아나는 것이 바로 전원주택이다. 액자

에 그림을 넣어 벽에 걸어 놓듯이 자연 속에 집을 넣어 놓고 관찰해야
한다.

; 집짓기 제대로 알고 시작하자

'집 한 번 지으면 10년 더 늙는다.'

이 한마디는 집짓기의 어려움을 단적으로 대변한다. 특히 단지형 전원주택이 아닌 농지(논·밭·과수원)나 산지(임야)를 사서 집을 짓는 경우엔 이 말이 더욱 실감난다. 이 경우에는 농·산지 전용(개발행위) 과정을 거쳐 건축 인허가를 받아야 하는데, 여간 까다롭고 복잡한 게 아니다. 여기에 더해 집을 짓는 과정에서 실제로 겪는 스트레스와 시공업체와의 마찰 등도 피할 수 없다.

몇 년 전 경기도 양평에 임야 1만 m²(3000여 평)를 사둔 C 씨(54)는 최근 집을 짓기 위해 산지 전용(개발행위) 허가를 받았다. C 씨는 자신의 임야 대부분이 개발하기 어려운 농림 지역인 데다 진입로와 주변 땅에 여러 문제가 얽혀 있어 아예 처음부터 토목측량설계사무소에 이를 위탁했다. 그는 "비용이 좀 들더라도 시간과 품을 덜 들이면서 빨리 해결하는 게 낫다고 판단했다"며 "괜히 사서 고생하는 것보다는 믿을 만한 업체를 골라 일을 맡기는 게 더 효율적인 것 같다"고 했다.

애초 땅을 구하러 다닐 때 각종 규제와 권리 관계가 복잡한 땅은 매매 계약서에 '인허가가 나지 않으면 무효로 한다'는 내용의 단서를 달거나, 사전에 해당 군청에 인허가가 가능한지 파악해 보는 것이 좋다. 이후 농·산지 전용 허가 업무는 토목측량설계사무소에, 건축 인허가 업무는 건축설계사무소에 각각 대행 수수료를 주고 맡기면 된다. 그러나 개별 땅 중에는 농·산지 전용 및 건축 인허가를 받아 낼 방법이 마땅찮은 애물단지도 있다. 이때 해결사로 나서는 것이 속칭 '허가방'이다. 전문적인 부동산 법률과 건축 지식으로 무장한 전직 인허가 담당 공무원들이 운영하는 곳이 많다. 이들은 이런저런 편법과 인맥을 동원해 인허가를 받아 주는 대가로 통상 대행 수수료의 몇 배 이상을 챙긴다.

농·산지를 대지로 바꾸는 지목 변경 절차에 대해 잘못 알고 있는 이들이 많다. 대개 농지가 대지로 바뀐 다음에 건축하는 것으로 알고 있지만, 사실은 농·산지 전용 및 건축 인허가를 받아 집을 준공한 뒤에야 지목이 대지로 바뀐다. 농지 전용을 하면 그 면적만큼 농지보전부담금(m^2당 공시 지가의 30%, 5만 원 상한)을 납부해야 한다. 산지 전용 시에는 대체산림자원조성비(2015년 기준 m^2당 준보전산지 3670원, 보전산지 4770원)를 내야 한다.

도시인이 농·산지를 전용해 전원주택을 짓고자 할 때 대지 면적은 가급적 660m²(약 200평) 이하로 하는 것이 좋다. 수도권과 광역시 이외 읍면 지역에 집을 지을 경우 농어촌 주택에 해당되기 때문에 도시 주택에 더해 2주택이 되더라도 나중에 도시 주택(2년 이상 보유)을 처분할 때 양도세 비과세 혜택을 그대로 받을 수 있다. 단, 새로 짓는 집은 대지 660m² 이하 외에도 집 연면적 150m²(약 45.3평) 이하, 기준 시가 2억 원(대지+집) 이하여야 한다.

　농·산지 전용 허가가 완료되면 토목 공사에 들어간다. 이 토목 공사가 잘되어야 제대로 된 내 집을 지을 수 있다. 토목 공사는 '성형미인 땅'을 만드는 작업으로, 땅의 가치를 결정짓는다고 해도 지나치지 않다. 토목 공사를 잘못하면 땅의 가치 하락은 물론이고 토목 공사비 또한 과다하게 지출되므로 이래저래 손해가 크다. 토목 공사가 끝나면 본격적인 집 건축 공사가 남는다. 본인이 직접 자재와 일꾼을 조달해서 짓는 '직영 방식'이 아니라면 시공업체를 선정해야 한다. 이는 실제 집을 짓는 데 가장 중요한 결정이다. 이때 '인정에서 출발한 거래는 사람 잃고 돈 잃는다'는 말을 명심하자. 냉정하게 판단한 뒤 결정해야 분쟁도 겪지 않고 피해도 보지 않는다.

　시공업체는 어느 정도의 회사 규모와 건축 실적, 그리고 우수한 기술자를 보유한 곳, 평판이 좋아 믿음직한 곳을 골라야 한다. 그래도 예비 건축주라면 건축에 대한 기본 지식 정도는 숙지하고 공사가 시작되면 반드시 현장을 찾아 지켜보아야 한다.

결론적으로 내 집을 지으면서 안 늙는 방법은 없다. 그러나 미리 알고 대처하면 덜 늙는 방법을 찾을 수 있다.

; 집짓기 예산, 얼마가 필요할까

"완전한 귀농·귀촌은 자신 없고······ 그냥 평일에는 도시에서, 주말에는 전원에서 살고 싶어요."

오랜만에 나를 찾아온 후배가 던진 말이다. 도시 생활을 내려놓기는 어렵지만 전원생활은 맛보고 싶다는 이야기다. 도시와 전원을 오가는 이런 '이중생활'을 영어로 '멀티 해비테이션(Multi Habitation)'이라고 한다. 후배는 "어느 정도 경제력이 되는 도시인들의 진정한 로망은 도시에 직장과 메인 하우스 등 근거지를 그대로 두고 전원에 세컨드 하우스(주말 주택)를 보유하는 것"이란 말도 덧붙였다. 후배 말마따나 주변에 주말 전원생활을 하는 도시인이 많다. 경제활동, 자녀 교육 문제 등 여러 현실적인 제약 때문에 이를 절충한 주말 주택을 선택하는 것이다. 5일은 도시에서, 2일은 시골에서 생활하는 것을 의미하는 '5도(都) 2촌(村)'에서 '4도 3촌'으로, 심지어 도시보다 시골에 더 오래 머무르는 '3도 4촌', '2도 5촌' 사례도 눈에 띈다.

요즘 아담한 주말 주택(이동식 주택, 농막은 제외)은 대개 땅(대지)을 포함해 1억~2억 원, 많아야 3억 원을 넘지 않는 추세다. 경기도를 중심으로 서울에서 차로 1시간 30분 이내 거리인 충청권과 강원권을 선호한다. 2014년 귀촌 인구만 보더라도 3만 3442가구로 전체 귀농·귀촌 인구의 75%를 차지하고 있어 향후 주말 주택 또한 더욱 확산될 것으로 점쳐진다. 이런 주말 주택이든 메인 전원주택이든 실제 내 집을 마련하는 데 가장 중요한 것은 자금 계획이다. 그래서 집짓기를 준비 중인 이들은 3.3m²당 건축비를 궁금해한다. 이는 집의 입지, 크기, 골조, 마감재 등에 따라 다르기 때문에 일률적으로 말하기는 어렵다. 대체로 일반적인 전원주택의 건축비는 3.3m² 기준 300만~400만 원대, 고급스러운 것은 500만~700만 원대다. 전통 한옥의 경우는 1000만 원을 훌쩍 넘기도 한다. 애초 집 건축 자금 계획은 여유 있게 세우는 것이 좋다. 토지 구입이나 집짓기 계획 단계에서 세웠던 자금보다 보통 30% 안팎, 많게는 50%까지 더 들어간다.

통상 전원 보금자리를 마련하는 방법은 땅을 사서 개별적으로 짓거나 단지형 전원주택을 분양받는 것이다. 하지만 이외에도 찾아보면 다양한 길이 있다. 특히 요즘은 동호인 전원마을 조성이 활발하다. 취미나 지향하는 바가 같은 사람들끼리 모여 땅을 공동 구매한 뒤 집을 짓는다. 강원도(시니어낙원사업), 경북 상주시 등 일부 지자체에서는 5가구 이상의 동호인 마을을 조성할 경우 진입로, 상하수도, 전기, 전화 등의 기반시설 구축을 지원해 준다. 이와 함께 귀농·귀촌인 등 도시민 유치를 겨냥해 정부에서 기반시설 구축을 지원하는 전원마을 조성사업(현 신규마을 조성사업)도 있다. 이는 입주자 주도형(마을정비조합 방식)과 지자체, 한국농어촌공사 등 공공기관 주도형으로 나뉜다.

땅을 사서 집을 지을 자금이 부족하면 기존 농가주택을 매입하거나 경매로 저렴하게 낙찰받아 개조하는 것도 한 방법이다. 이 경우 농지를 집 짓는 대지로 전용할 때 내야 하는 농지보전부담금을 내지 않아도 되고, 기존 전기 상하수도 등을 그대로 활용할 수도 있다. 하지만 무허가 건물이거나 남의 땅에 들어선 집도 있으니 미리 확인해야 한다. 귀농인은 주택 구입 및 신축 관련 저리의 대출 지원을 받을 수 있다. 대출 지원 대상 주택은 주거 전용면적이 150㎡(약 45.3평) 이하여야 한다. 대출 지원 한도는 최대 5000만 원이며 금리는 연 2%다.

내 집을 짓거나 살 여력이 없다면 빌리는 방법도 있다. 사실 먼저 땅을 사고 집을 짓는 것보다 일단 농지나 농가를 임차해 살면서 일정 기간 농업인의 자격(농지원부·농업경영체)을 갖추면 이후 땅을 사고 집을 짓는 데도 유리하다. 농지 구입이나 주택 신축·매입 시 취득세 등 감면과 저리의 대출 지원 혜택을 받을 수 있다. 서두르지 말고 내게 맞는 전원 보금자리를 찾아보자.

제 6 장 : 집 테크! 좋은 집, 나쁜 집, 이상한 집

살기 좋은 집 터 구하기

　　귀농이나 귀촌을 준비 중인 이들은 전원생활을 통해 여유와 안식, 힐링 등 전원의 가치와 투자 가치를 함께 얻길 원한다. 대개 인생 2막의 노후 생활이다 보니 이는 어찌 보면 당연하다. 하지만 시골 이주 후에 맞닥뜨리게 될 생활의 불편함에 대해서는 거의 무관심하다. 몇 년전 매입한 강원도 산골 땅에 지난해 가을 집을 지어 입주한 S 씨(56) 부부도 그랬다. 부지런히 발품을 팔아 급매물을 잡은 덕에 땅값은 그사이두 배가량 올랐고, 갓 지은 전원주택과 청정 환경 또한 너무나 만족스러웠다. 그러나 S 씨 부부의 달콤한 전원생활은 채 한 달이 지나지 않아 근심으로 변했다. S 씨는 "막상 깊은 숲 속에 집을 짓고 살아 보니 2km가 넘는 좁은 진입로는 오가기에 너무 불편했고, 지하수도 충분치 않았다"고 말했다. 이어 "산과 나무에 가려진 집은 일조량이 크게 부족해 겨울나기가 너무 힘들었다"고 털어놓았다.

서울에서 가까운 경기도의 한 전원단지를 선택한 K 씨(60)는 새로 이사 온 이웃 때문에 스트레스가 이만저만이 아니다. 이층집이 들어서는 바람에 그의 거실과 안방은 무방비로 노출된 상태다. 게다가 이웃집은 툭하면 시끌벅적한 파티를 벌여 그에겐 호젓한 전원생활이 마치 남의 이야기처럼 들린다.

수년간 저렴한 땅을 찾아다닌 끝에 충북 시골에 둥지를 튼 L 씨(56)는 이웃집 개가 자신의 애완견을 물어 죽인 사건 이후 이웃집과 견원지간이 되었다. 전남으로 귀농한 C 씨(55)는 시도 때도 없이 짖어 대는 이웃집의 개와 닭 우는 소리에 잠을 설치기 일쑤다.

불편하고 힘든 전원생활의 사례를 들자면 끝이 없다. 귀농·귀촌의 준비 과정에선 전혀 예상치 못했던 전원생활의 불편한 진실들은 이처럼 농촌 입주 이후 하나둘 그 모습을 드러낸다. 귀농·귀촌이란 결국 전원에서 사는 것인데, 준비 과정에서 투자 가치 등을 우선하고 이 '생활'이란 측면을 소홀히 한 결과다. 살면서 깨닫게 되면 이미 늦다.

나는 귀농·귀촌 강의 때마다 "농지에 포위된 땅은 가급적 사지 말라"고 강조한다. 도시인들은 장래 전원생활을 위해 대개 논밭, 과수원 등 농지를 사서 그 일부를 전용해 집을 짓는다. 또 필지 규모가 큰 농지는 일부를 분할해 매입하게 된다. 이때 사방팔방 농지에 둘러싸인 땅은 피하는 게 좋다. 도시인들이 농지에 포위된 땅을 별생각 없이 사는 데는 이유가 있다. 봄에는 녹색 작물들이 쑥쑥 자라며 생명 에너지를 내뿜고, 여름이면 줄기와 잎이 더욱 푸르러지며, 결실의 계절인 가을이 되면 풍요로움을 한껏 선사하기 때문이다. 이런 농촌의 겉모습을 그대로 그 땅의 입지적 장점으로 착각한다. 그러나 농지에 포위된 땅에 집을 짓고 들어가 사는 순간부터 상황은 180도 달라진다. 농촌은 2월 하순부터 4월 초순까지 두엄 냄새가 진동한다. 이후 작물 파종 및 재배 전 과정에서 각종 농약과 비료를 대거 살포한다. 늦가을까지 트랙터, 경운기 등 각종 농기계의 소음도 호젓한 전원생활을 훼방 놓는다. 전원의 축복을 만끽해야 할 봄~가을에 자칫 창문을 닫아걸고 살아야 할지도 모른다. 물론 농촌에서 농사야말로 지극히 일상적인 생산 활동이다. 하지만 농지에 포위된 전원생활은 자칫 '악몽'이 될 수도 있다. 힐링이 되는 전원생활을 원한다면 집이 들어설 터의 후면과 측면 등 2개 면 정도는 숲과 개울 등에 접해 농사로부터 분리된 곳이 좋다. 이렇듯 도시인이 꿈꾸는 전원생활과 실제 생활은 크게 다르다. 실제로 전원생활을 해보면 예상치 못한 많은 불편함과 어려움이 도사리고 있다.

　새로운 인생 2막을 꿈꾸며 지금 이 순간에도 많은 이들이 전원으로 들어오고 있다. 이를 돕기 위해 다양한 귀농·귀촌 교육과 지원이 이뤄지고 있지만 대개는 억대 농부, 6차 산업 창업, 전원 재테크 등 성공 방법론이 주류를 이룬다. 그러나 거듭 강조하지만 귀농·귀촌은 시골에 발 디디고 사는 '생활'이다. 따라서 준비 과정에서부터 무엇보다 행복한 전원생활에 초점을 맞춰야 후회하지 않게 된다.

; 좋은 집, 나쁜 집, 이상한 집

경남 함양에 사는 P 씨(62) 부부는 8년 전 서울을 떠나 청정한 지리산 자락에 둥지를 틀었다. 생전 처음 지어 본 집은 당시만 해도 눈에 확 띌 정도로 크고 멋스러운 2층 목조 주택(연면적 200㎡, 약 60평)이었다. 첫해 가을까지는 마치 무릉도원에 온 것처럼 행복했다고 한다. 하지만 정작 그해 겨울이 되자 햇볕 한 점 들지 않는 북향 터에 지어진 그 집은 감당할 수 없을 정도로 난방비가 많이 들었다. 지인들과 자식들의 발길도 뜸해지면서 덩치만 큰 애물단지로 전락했다. P 씨는 이 집을 처분하고 인근 산청에 남향 터를 구해 구들방이 딸린 작은 집을 다시 지을 계획이다. 그는 "살아 보니 건강에 좋고 유지관리비가 적게 들어가는 집이 최고"라고 말한다. P 씨의 집처럼 외관상 보기에는 좋지만 살기 불편하고 관리비만 많이 드는 집은 '나쁜 집'이다.

근래 들어 전원주택의 트렌드는 작지만 실속 있는 '강소 주택'이 대세다. 대개 100㎡(30.25평)를 넘지 않는다. 건강(친환경)과 저에너지라는 기능성을 어떻게 저렴한 비용으로 구현하느냐에 초점을 맞춘다. 바닥 면적은 작아도 다락방과 데크 등을 살려 공간 활용도를 극대화한다. 친환경 건축 재료를 주로 사용하고, 고단열을 통해 에너지 비용은 크게 낮춘다. 단지 '보기에 좋은 집'이 아니라 속이 꽉 찬 '살기에 좋은 집'이다.

건강에 좋은 집으로는 흙(황토)과 나무로 지은 한옥, 통나무집, 황토집, 통나무황토집 등을 들 수 있다. 저에너지 주택의 대표적 사례로는 세미 패시브 하우스 공법으로 건축되는 목구조 전원주택 단지인 경기도 가평 '북한강 동연재'와 강원도 홍천 살둔마을의 '제로 에너지하우스' 등이 있다.

그렇다면 '이상한 집'은 어떤 집일까. 애초 '살기에 좋은 집'으로 설계하고 건축하지만 막상 살아 보면 '나쁜 집'으로 드러나는 그런 집이다. 즉 이론적으로는 그럴듯하지만 검증이 안 되어 살면 살수록 단점이 노출되고 하자가 발생하는 집이다. 내가 살고 있는 집이 그렇다. 나는 2010년 대기업인 S건설 자회사를 통해 91㎡(약 27.5평) 크기의 모듈 주택(자재 규격화를 통해 공장에서 80~90% 만들어 현장에서 조립하는 방식)을 지었다. 당시만 해도 다소 생소했던 모듈 주택을 선택한 이유는 대기업이 주는 신뢰와 새로운 공법에 대한 기대감 때문이었다. 시공업체 설명대로라면 이 모듈 주택은 시멘트 기초공사 없이 지면 위에 바로 기둥을 세워 올려 짓기 때문에 땅의 기운이 그대로 전달되고, 집 바닥과 지면 사이 창고 공간이 확보되며, 상하수도 배관 등 하자 발생 시 수리하기도 쉬울 뿐 아니라 실내 공기 순환 장치를 통해 늘 신선한 공기가 유입되므로 건강에도 좋다고 했다.

하지만 실제로 살아 보니 전혀 달랐다. 조립식 모듈과 모듈 사이에 층 차가 생겨 실내 바닥에 균열이 가고, 설상가상으로 화장실 쪽 배관의 누수까지 발생해 창고 공간 활용이 거의 불가능했다. 전국에 100여 채나 지었다는 S사는 소리 소문 없이 이 사업을 접었다. 그러니 전원주택에 관심 있는 이들에게 검증 안 된 '이상한 집'은 가급적 짓지 말라고 충고하고 싶다.

좋은 집과 나쁜 집을 논할 때 풍수지리를 빼놓을 수 없다. 풍수지리상 사람이 살기에 좋은 집(양택 명당)은 주변 자연환경과 조화를 이루며 항상 좋은 기(氣)가 감도는 집이다. 먼저 남향, 동남향 터에 자리 잡아 아침부터 햇볕이 들어와 온종일 실내 기운이 밝고, 맑은 공기가 원활하게 소통된다. 이런 집은 겨울에는 따뜻하고 여름에는 시원하다. 또한 좋은 집은 교통이 편리하고, 전망이 좋아야 한다. 우리나라 고택 가운데 대표적 명당으로는 '부용화(芙蓉花)'의 길지로 소문난 난포 고택(경산)을 비롯해 남원 양씨 종가(순창), 운조루(구례), 윤증 고택(논산), 녹우당(해남), 의성 김씨 종택(안동), 선교장(강릉) 등이 있다.

반면 막다른 골목집, 대문에서 안방이나 부엌문이 바로 보이는 집, 어둡고 그늘진 집, 수맥이 지나는 집, 집 앞과 왼쪽이 막혀 있는 집 등은 살기에 나쁜 집으로 본다. 행복한 전원생활은 보기에만 좋은 '나쁜 집'과 말로는 그럴듯한 '이상한 집'을 멀리하고, 진정 살기에 좋은 내 집을 지을 때 비로소 활짝 열린다.

⁝ 진정한 힐링 하우스 짓는 노하우

    도시를 떠나 전원으로 들어온 이들 가운데 몸이 불편하거나 난치병에 걸려 요양하러 온 경우도 적지 않다. 맑은 공기와 깨끗한 물, 그리고 푸른 숲이 어루만져 주는 이른바 자연치유를 위해서다. 이런 청정 전원에 지은 보금자리는 그 자체로 치유의 집, 즉 힐링 하우스(Healing House) 구실을 한다. 특히 나무와 흙 등 자연 재료로 지은 집이라면 말할 것도 없다.

    2013년 강원도 홍천군 응봉산 자락에 국산 나무와 황토로 지은 K씨(55)의 집(93m², 약 28평)이 그렇다. 이 힐링 하우스는 특이하게도 벽체 등에 사용된 나무의 굵기가 일정치 않고 일부는 아예 휘어져 있다. 심지어 나무의 옹이까지 그대로 자연미를 살렸다. 또 40cm 길이의 '통

216

나무벽돌'을 황토와 섞어 쌓는 방식으로 벽체를 완성해 벽체 두께만 40cm에 이른다. 통나무의 절단면은 벽체 안팎으로 노출되는데, 이렇게 시공하면 단열이 잘되면서 통기성도 좋아 여름에는 시원하고 겨울에는 따뜻하다. K 씨 부부는 "도시 아파트와 달리 이곳에선 항상 쾌적하고 숙면을 취할 수 있어 심신에 늘 활력이 넘친다"고 자랑한다.

사실 대표적인 힐링 하우스라면 한옥을 들 수 있다. 하지만 전통 기와 한옥은 건축비가 3.3m²당 1200만~1400만 원에 달해 대부분의 예비 건축주에겐 '꿈만 꾸는' 집일 뿐이다. '한옥의 대중화'를 내걸고 나온 현대식 개량 신한옥 역시 3.3m²당 600만~800만 원대로 여전히 가격 부담이 크다. 반면 K 씨의 집 같은 통나무황토집이나 흙집 등은 우리나라의 옛 초가집, 귀틀집 등 넓은 의미의 한옥을 계승 발전시켰다는 점에서 어찌 보면 가장 '대중 신한옥'에 가깝다. 건축비 또한 3.3m²당 400만~500만 원 선으로 상대적으로 비용 부담이 덜한 편이다(물론 전통 한옥이나 개량 신한옥과 단순 비교할 수는 없다).

힐링 하우스의 재료인 나무와 흙이 건강에 좋다는 사실은 이미 잘 알려져 있다. 이런 집은 실내 습도가 거의 일정하게 유지되고 공기 또한 자연 정화되어 항상 쾌적한 주거 생활이 가능하다. 나무와 흙이 발산하는 은은한 향기와 편안한 느낌은 거주자의 몸과 마음을 안정시켜 준다. 수명을 다한 뒤에는 재활용되거나 오염 없이 다시 자연으로 돌아간다. 전원 속 힐링 하우스라면 우리의 전통 구들방을 빼놓을 수 없다. 사실 전국의 64%가 산으로 둘러싸인 우리나라에서 전원생활을 할 때는 기나긴 겨울을 어떻게 잘 나느냐가 관건이다. 첩첩산중 강원도의 경우 11월부터 이듬해 3월까지 5개월을 겨울이라고 보고, 이에 대한 준비를 단단히 해야 한다.

근래 들어 난방비 절감, 실내 보온, 건강관리를 위해 전원주택을 신축할 때 구들방(찜질방)을 하나 놓는 사례가 늘고 있다. 한겨울이라도 난방 기름값 걱정을 덜면서 따뜻한 전원생활을 즐길 수 있기 때문이다. 구들방 못지않게 인기를 끄는 전원주택 아이템이 다락방이다. 다락방은 특히 아이들이 좋아한다. 때론 어른들도 조용히 쉬고 싶을 때 휴식 공간이나 취미실로 활용할 수 있다. 또 손님들이 찾아왔을 때 임시 게스트 룸으로 사용할 수 있을 뿐 아니라, 자질구레한 물품들을 보관하는 창고로도 쓰임이가 매우 높다. 다만 오르내릴 때의 추락 사고 방지 등 안전에 유의해야 한다. 나무와 황토를 주재료로 짓는 친환경 힐링 하우스도 물론 단점이 있다. 빗물에 특히 취약하기 때문에 통나무와 황토로 구성되는 집은 추녀가 최대한 길어야 한다. 살다 보면 나무가 뒤틀리거나 갈라지고, 황토는 건조 후 균열이 많이 생긴다. 지속적인 유지관리가 필요하기 때문에 손이 많이 간다.

착한 집, 좋은 집이란 일단 경제적 부담이 적고, 무엇보다 건강한 집이어야 한다. 더 이상 뭐가 필요하겠는가.

⁏ 주거 신토불이

우리의 몸과 태어난 땅은 하나라는 뜻의 신토불이(身土不二)는 비단 농산물 먹거리뿐 아니라 주거생활에도 그대로 적용된다. 우리 나무와 흙으로 지은 집이 우리 체질에 맞고 건강에 좋다는 것은 익히 알려져 있다. 우리 나무와 흙으로 지은 '신토불이 주택'은 통기 및 습도 조절 효과가 뛰어나다. 또한 몸에 좋은 원적외선 다량 방사, 항균·탈취 작용 등을 통해 몸의 피로를 풀어 주고 심적 안정감을 가져다준다. 달리 말하면 에코 힐링 하우스(Eco Healing House)다. 하지만 국산 목재 제품의 가격이 비싼 데다 나무와 흙의 이질감, 수축, 갈라짐, 물에 약한 물리적 성질 등 극복해야 할 과제 또한 적지 않다. '주거 신토불이'는 우리 민족의 전통 한옥에 그 뿌리를 두고 있다. 이는 규모가 큰 기와 한옥뿐 아니라 초가집, 너와집, 귀틀집 등을 포함한다. 최근 들어 한옥에 대한 일반인들의 관심이 고조되면서 전통 한옥 양식에 현대적 라이프스타일을 접목한 대중 신한옥 개발 및 건축도 활발하다.

이와 관련해 꼭 짚고 넘어가야 할 문제가 있다. 현재 (신)한옥에 쓰이는 목재의 대부분은 수입산이다. 집의 골조를 이루는 나무가 수입 목재라면, 과연 그걸로 지은 집을 한옥이라고 할 수 있을까? 수입산 쇠고기가 한우고기가 될 수 없듯이, 수입 목재로 지은 한옥은 엄밀하게 말하자면 '무늬만 한옥'일 뿐이다. '주거 신토불이'와는 거리가 멀다. 외국인 관광객들에게 "이게 우리 한옥이다"고 자랑할 수 있으려면 적어도 집 건축에 사용하는 목재의 51% 이상은 국산 나무여야 하지 않을까?

우리나라는 임야가 국토의 64%를 차지하지만, 목재 자급률은 16.7%(2014년 기준)에 불과하다. 게다가 산림은 급속히 고령화되고 있다. 나무는 절대 베어서는 안 된다고 생각하는 사람들이 있지만, 사실 나무도 수명이 있어 성장을 다한 나무는 베어 내 유용하게 이용하고 다시 묘목을 심어 울창한 숲을 가꾸는 지속 가능한 순환 체계를 만드는 것이 중요하다. 그 순환 고리 중 하나가 바로 '주거 신토불이'다. 목재 자급률을 높이고 수요자들에게는 건강주택을 선물할 수 있다면 일석이조 아닐까.

대안 주거시설 활용법

    2012년 강원도 인제군의 오지에 땅을 마련한 S 씨(52, 경기 안산시)는 이듬해 작은 이동식 주택(23m², 약 7평)을 들여놓았다. 나중에 정식으로 집을 지을 때까지 임시 주말 주택으로 이용하기 위해서였다. 2013년 충북 음성군에 작은 터를 구한 K 씨(58, 서울 서초구)는 아예 상주할 전원 보금자리로 경제적 부담이 적은 50m²(약 15평) 규모의 이동식 목조 주택을 설치했다. 최근 이동식 전원주택 유형은 목조 주택을 비롯해 경량 철골조, 목구조+경량 철골조, 컨테이너 하우스 등 다양하다. 이동식 주택의 건축비는 통상적으로 짓는 일반 전원주택 건축비(3.3m²당 300만~400만 원 선)보다 낮다. 그래서 S 씨와 K 씨의 사례처럼 건축비 부담이 큰 번듯한 집을 짓기보다는 소형 이동식 주택을 선택하는 사람이 늘고 있다. 수요자는 공장에서 다 만들어진 이동식 주택을 가전제품 쇼핑하듯이 골라 구매한다. 주문한 주택은 대형 트럭으로 옮겨 설치한다. 이동식 주택은 비록 크기는 작지만 생활하는 데 꼭 필요한 필수 주거공간을 확보할 수 있는 데다 3.3m²당 가격이 저렴하고 총비용도 적게 들어간다는 것이 장점이다. 건축 자재를 대량으로 조달해 한 곳에서 생산하다 보니 현장에서 짓는 것보다 제작 단가가 10~25% 적게 든다. 사용하던 집은 나중에 중고로 팔 수도 있다. 다만 최근 들어 이동식 주택도 고급화되고 있는 추세여서 가격 부담이 점차 커지고 있다.

이동식 농막도 주말 주택을 대신하는 '대안 주거시설'로 많이 활용된다. 원래 농막은 농기구, 농약, 비료, 종자를 보관하거나 잠깐 휴식을 취할 수 있는 용도로 허용된 농업용 창고다. 따라서 농지전용허가 절차 없이 해당 농지 소재 면사무소에 20m²(6.05평)까지 신고만으로 설치할 수 있다. 다만 농막은 본래 용도가 창고이므로 주택으로 사용할 수는 없다. 만약 주택으로 쓰려면 20m² 이하라도 농지전용허가 및 건축신고를 한 후 사용 승인(준공)을 받아야 한다. 그러나 현실에서는 농막 또한 거의 주거용으로 전용되고 있는 실정이다. 2012년 11월 농막 내 간단한 취사나 샤워를 할 수 있도록 전기·수도·가스 시설 설치를 허용(화장실, 정화조는 금지)한 이후 더욱 그렇다. 20m² 이하 농막을 놓고 순수 농막이냐, 주거용이냐에 대한 판단 기준은 지자체마다 조금씩 다를 수 있어 사전에 알아봐야 한다.

농지와 농가주택을 마련하지 못해 어려움을 겪고 있는 예비 귀농인들을 돕기 위한 '대안 주거시설'도 있다. '귀농인의 집'과 '체류형 농업창업지원센터'가 바로 그것이다. 귀농인의 집은 귀농·귀촌 희망자가 농촌 이해 및 영농 기술을 배우는 한편 내 집이나 농지 등 영농 기반을 마련할 때까지 일정 기간 머물 수 있는 임시 거처다. 각 지자체에 문의하면 귀농인의 집이 있는지, 있다면 입주할 수 있는지 여부를 확인할 수 있다. 입주자는 보통 월 10만~20만 원의 임차료만 부담하면 된다. 체류형 농업창업지원센터는 예비 귀농인들을 대상으로 농촌이해 및 적응, 농업 창업과정 교육 및 실습 등 원스톱 지원 체제를 갖춘 곳으로, 센터 안에 30~50가구 규모의 주거단지가 들어선다. 이곳에서 예비 귀농인들은 가족과 함께 3개월, 6개월, 1년간 체류하면서 농촌 정착 준비를 하게 된다. 농림축산식품부는 강원, 충남북, 전남북, 경남북(경북은 2곳) 등에 각 80억 원을 들여 총 8개소를 건립해 운영할 계획이다. 충남 금산과 충북 제천에서는 이미 운영 중이며, 경북 영주와 강원 홍천, 전남 구례도 2016년 중 순차적으로 운영에 들어갈 예정이다. 내가 살고 있는 홍천군의 경우 서석면 검산리 일원에 3만 4307m² 규모로 조성된다.

전원에 내 집을 지으려면 당초 계획한 자금보다 30~50% 더 들어가는 게 상례다. 섣불리 경제적 부담이 큰 집을 짓기보다는 이동식 주택이나 농막, 임시 주거시설 등 자신에게 적합한 대안 주거를 잘 활용하는 것도 전원 연착륙으로 가는 지름길이다.

; 주택 관리, '맥가이버형' 인간이 되라

꿈에 그리던 전원주택을 짓게 되면 누구나 멋진 조경으로 마무리하고 싶어 한다. 하지만 그렇게 하려면 적지 않은 비용이 들어간다. 돈은 적게 들이면서 전원주택의 '전원'이라는 수식어에 걸맞은 조경을 할 순 없을까. 전원주택의 정원은 가급적 조약돌, 자갈, 판석, 통나무 및 나무 껍질 등 자연 재료를 적극 활용하는 것이 좋다. 조경수도 굳이 비싼 나무여야 할 필요는 없다. 어릴 적 고향 집 주변에서 흔히 보던 대추·산돌배·앵두 등 과실수와 진달래·개나리 등 꽃나무, 그리고 야생화 정도면 무난하다. 이는 주변에서 돈을 들이지 않고도 쉽게 구할 수 있다.

농지를 사서 그중 일부를 대지로 전용해 집을 짓고 정원을 꾸밀 때 주의해야 할 점이 있다. 대개 조경을 하다 보면 정원은 점차 대지를 벗

제 6 장 : 집 테크! 좋은 집, 나쁜 집, 이상한 집

어나 농지 쪽으로 확대된다. 정자도 세우고 연못과 산책로도 만들고 싶어진다. 그러나 불가피한 사정으로 집이나 땅을 매도할 경우 마구 확장된 '농지 정원'은 골칫거리가 된다. 원상복구 명령이 내려질 수도 있기 때문이다. 그래도 만들고 싶다면 쉽게 원상 복구할 수 있는 산책로나 이동 가능한 일부 시설로 제한한다. 전원에 집을 지어 입주하면 한동안은 마냥 즐겁고 행복하다. 하지만 오래지 않아 내 집 유지 관리에 적지 않은 노력이 필요하다는 사실을 깨닫게 된다. 아파트와 달리 전원주택은 크든 작든 하자가 생기기 마련이다. 애초 시공이 잘못된 경우라면 시공업체에 보수를 요구해야겠지만 생활하면서 발생하는 작은 하자는 집주인이 손수 처리할 줄 알아야 한다. 그래서 전원주택은 애초 집짓기를 계획할 때 입주 후 유지 관리까지 고려해야 한다. 특히 전기, 물(보일러, 정화조, 지하수, 하수도)과 관련된 시설은 작동 시스템에 대해 제대로 숙지해야 누수 등 이상이 발생했을 때 당황하지 않고 대처할 수 있다.

입주 후 하자 보수를 놓고 시공업체와의 갈등도 잦다. 이를 예방하기 위해서는 공사 잔금 처리 및 건축물 인도 절차를 진행할 때 시공업체로부터 건물의 설계도서(전기·설비 시공도면 포함)와 함께 하자 보증 이행 각서를 받아 두는 것이 좋다. 입주 후 살아가면서 집수리나 작은 시설 등을 만들 때 필요한 공구를 하나둘 갖춰 놓는다. 전기드릴, 고속절단기, 엔진톱, 핸드 그라인더 등은 필수 공구에 속한다. 망치와 해머, 톱, 못뽑이, 흙손, 흙칼 등도 기본이다. 가능하면 용접기나 에어컴프레서도 갖춰 놓으면 좋다.

한겨울에는 특히 정전과 동파 등 돌발 상황에 대비한 준비가 필요하다. 지금은 시골 주거 생활도 도시의 아파트와 마찬가지로 전기가 끊기면 화장실, 식수, 난방 등이 올 스톱되어 이만저만 불편한 것이 아니다. 이동식 소형 발전기를 한 대 마련해 두면 안심할 수 있다. 편리한 도시와 달리 전원에서의 삶은 '자립형 인간'을 요구한다. 집수리 등을 스스로 해내지 못하면 생활이 불편해지고 돈도 많이 든다. 그래서 '맥가이버'가 되어야 한다. 전원생활 7년 차인 나 역시 '박가이버'로 거듭나기 위해 지금도 고군분투 중이다.

전원생활,
성공이 아니라
행복이다!

; 마음을 비울 줄 아는 지혜

사든 빌리든 농사지을 땅과 가족이 거주할 집이 마련되면 꿈에 그리던 전원생활을 시작할 수 있다. 그러나 그토록 갈망해 온 전원생활이 결국 '낭만이 아닌 현실'이라는 사실을 깨닫는 데는 그리 오랜 시간이 걸리지 않는다. 초기 전원생활 과정에서 누구나 맞닥뜨리는 3대 화두는 바로 소득(수입), 텃세(주민 융화), 자녀 교육이다. 그중에서도 '시골에 내려가서 과연 무얼 해서 먹고 사느냐' 하는 경제적인 문제는 전원 연착륙의 성패를 가르는 최대 관건이다.

2008년 충남 당진으로 귀농한 L 씨(58)는 논(1만 3223m², 4000평)과 밭농사(3305m², 1000평)를 짓고 있다. 이를 통해 얻는 연간 순수입은 1500만 원 안팎이다. 2011년 충남 예산으로 귀농한 K 씨(53)는 주업인

한우(30여 마리) 사육 외에 산소 이장, 벌초 작업 등 돈 되는 일이라면 가리지 않고 한다. 농촌에서는 월 100만~150만 원 받는 일자리를 구하기도 쉽지 않다. 2012년 강원도의 한 축협 한우농장에 월 150만 원의 보수 조건으로 취업한 P 씨(56)는 "혼자서 감당하기에는 일이 벅차 아내까지 수시로 동원한다. 도시에서 받았던 보수와는 비교도 안 되지만 시골에서 이 정도 일자리면 감지덕지다"라고 말한다.

이들 사례에서 보듯 농사를 지어 소득을 올려야 하는 귀농인은 말할 것도 없고, 취업이나 가공식품 제조 판매, 숙박·체험시설 운영을 통해 필요한 생활비를 조달하고자 하는 귀촌인들도 소득 문제로 어려움을 겪기는 매한가지다. 이런 점 때문에 대개 귀농 선배들은 "초기 2, 3년간은 수입 없이도 살 수 있는 준비를 하고 오라"고 조언한다. 가능하다면 본인 또는 배우자의 고정적인 농외 수입원을 마련하는 것이 좋다. 만약 매월 30만~50만 원만 확보할 수 있어도 큰 도움이 된다. 아파트나 상가 등 도시 부동산의 임대 수입이나 예금 이자 수입이 있다면 더할 나위 없겠지만, 그렇지 않다면 집에서 인터넷으로 할 수 있는 일, 친구가 하는 일을 일부 받아서 할 것은 없는지 찾아본다. 이 경우 자신이 도시에서 했던 일의 전문성과 노하우를 살려 귀농·귀촌에 접목시키는 것이 좋다.

농사를 짓는 귀농은 사실 수익을 창출해야 하는 창업의 길이다. 또 숙박·캠핑 등의 귀촌 창업이나 더 나아가 귀농·귀촌을 융·복합한 6차 산업의 창업 역시 수익을 올려야만 한다. 귀농의 경우 해당 지자체의 집중 지원이 이뤄지는 그 지역의 주력 작물을 선택하는 등 지역 농업 시스템에 들어가는 것이 생산·가공 및 판매에서 경쟁력을 갖추는 데 유리하다.

초보 귀농인들은 판로 확보에 큰 어려움을 겪는다. 이 때문에 인터넷 카페나 블로그, 홈페이지를 통해 지인은 물론 도시 소비자와의 직거래를 넓혀야 한다. 물론 그러자면 생산물의 품질이 좋아야 하고 가치 또한 남다른 차별화를 이뤄 내야 한다.

이를 위해서는 끊임없는 연구 노력과 기술, 시간이 필요하다. 마을에서 농사 고수들을 따라 하는 '따라쟁이 농법'도 한 방법이다. 귀농 준비부터 이후 자리를 잡기까지 자생력을 갖추는 데는 정부와 지자체의 다양한 귀농 지원책도 큰 도움이 된다. 애초 귀촌인도 이후 농업인(귀농인)의 자격을 갖추면 각종 혜택을 받을 수 있다.

근래 들어 일단 귀촌한 다음 적당한 시기에 귀농을 접목하거나, 반대로 귀농한 이후 귀촌 활동을 병행해 소득을 올리는 이들이 늘고 있다. 귀농과 귀촌의 영역을 자유롭게 넘나드는 것이다. 또한 생산과 판매 전 과정에 걸쳐 인터넷과 스마트폰을 능숙하게 활용하는 이른바 '스마트 농부'로의 변신도 한창이다.

그러나 억대 부농은 전체 농가의 1~2%에 불과하고, 가공식품에 뛰어들어 성공할 확률 또한 5%에도 미치지 못한다. 귀농·귀촌 열풍이 지속되면서 기존 농민들과의 경쟁뿐 아니라 물밀듯이 들어오고 있는 귀농·귀촌인 간에도 갈수록 치열한 '서바이벌 게임'이 전개되고 있다.

그러면 어떻게 해야 전원에 인생 2막의 뿌리를 내릴 수 있을까. 이미 정착한 귀농·귀촌 선배들의 메시지는 한결같다. 소득에 대해 지나친 기대를 하지 말고 성공보다는 안식, 행복 등 전원의 가치에 초점을 맞추라는 것이다. 욕심을 비우고 자연과 더불어 사는 참맛을 느껴 보라고.

⁝ 진짜 농민이 되려면 법을 알아야 한다

'난 자연인이다. 난 농부다.'

조금 쑥스럽지만 나의 명함 맨 상단에는 이런 소개 글귀가 적혀 있다. 홍천 산골에 들어와 직접 농사를 지으면서 나름 진정한 자연인이자 농부가 되고 싶다는 소망을 담은 표현이다. 귀농·귀촌 열풍이 점화된 이후 농촌으로 내려온 이들 중 상당수는 나와 같은 열망을 간직하고 있지 않을까. 요즘엔 도시민들의 농촌 유입을 지원하기 위한 각종 지원책이 많지만 문제는 아직도 현장, 현실과 동떨어진 제도들이 있다는 것이다. 오히려 이런 제도들은 나처럼 농민이 되고 싶어 하는 도시 사람들의 발목을 잡기도 한다.

귀농인은 곧 농민(법적 표현은 농업인)이 되고자 하는 것이므로, 농민의 법적 자격을 갖춰야 한다. 여러 가지 요건이 있지만 농촌에 살면서 1000㎡(302.5평) 이상의 농지를 확보해 직접 농사를 지으면 된다. 그러면 일종의 농민 신분증이라고 할 수 있는 '농지원부'와 '농업경영체' 등록이 가능하다. 이렇게 해서 농민 지위를 획득하면 각종 세금 감면, 보조금, 면세유 등의 혜택을 받을 수 있다. 그런데 이 제도 중에 허점이 있다. 그중 두 가지만 지적하려고 한다. 우선 국민연금 문제다.

현재 국민연금에 가입된 농민은 정부(농림축산식품부)로부터 매달 국민연금 보험료의 일부(2016년 기준 월 4만 950원)를 지원받는다. 여기에는 조건이 있다. 농사를 지어 얻은 농업 소득이 다른 소득(농외소득+이전 소득)과 같거나 많아야 한다. 그렇지 못하면 '비농민'으로 분류되어 국고 보조 지원 대상에서 제외된다. 문제는 2014년 우리나라 농가의 평균 소득은 3495만 원인데, 그중 농업 소득은 29.5%인 1030만 원에 불과하다는 것이다. 만약 농업 소득보다 다른 소득이 많은 농민들이 국민연금 국고 보조를 받으려면, 실제 농업 소득이 다른 소득보다 턱없이 적은데도 같거나 많은 것으로 간주해 국민연금 보험료를 계산한다. 예를 들어 농업 소득이 500만 원이고 농외소득이 1500만 원이었다면, 농업 소득을 1500만 원으로 간주해 총소득 3000만원에 대한 국민연금 보험료를 부과하는 것이다.

이 때문에 귀농한 초보 농민 중 울며 겨자 먹기 식으로 국민연금 보조금을 포기하고 '비농민'을 택하는 경우도 많다. 이들은 "귀농 초기에는 농업 소득이 미미할 수밖에 없어 대다수 초보 농민들은 국민연금 국고 보조 혜택을 거의 받을 수 없다"고 불만을 터뜨린다. 사실 귀농 초기 2, 3년까지는 농사지어 적자만 면해도 다행이고, 그 이후에도 기대만큼 수익을 올리기 어려운 게 현실이다. 2014년 농가 소득 구조를 보더라도 '농업 소득이 더 많아야 농민'이라는 국민연금 잣대가 현실과 맞지 않음을 잘 알 수 있다. 국민연금공단 관계자도 "귀농인의 경우 정착이 가능할 때까지 일정 기간은 지원해 줄 필요가 있다고 본다"고 인정했다.

귀농인의 자격을 규정하는 조항도 현실과 동떨어져 있다. 현재 귀농·귀촌 지원책은 귀농인(농민)에 초점이 맞춰져 있다. 귀농 창업 자금, 주택 신축 및 매입 자금 등 정부의 대출 지원 혜택을 받으려면 '농촌 이주 직전 1년간 농촌 이외 지역에서 거주한 자'라는 조건을 충족시켜야 한다. 현행법에서 정하고 있는 농촌이란 행정구역상 전국의 읍면 지역이 모두 해당된다. 읍면이 아닌 동 지역에 1년 이상 살았어야 귀농인임을 인정받는다는 뜻이다. 이렇게 되면 수도권 읍면의 아파트 단지에서 서울로 출퇴근하던 직장인은 퇴직 후 농사를 짓겠다고 지방의 농촌으로 이주하더라도 귀농인 자격을 얻을 수 없고 지원 혜택도 받을 수 없다. 귀농인으로 인정받아 지원을 받으려면 귀농 직전 1년 이상 동 단위의 도시에 나가 살거나 위장전입을 하는 수밖에 없다.

이런 제도나 법에 대해 제대로 알지 못하고 전원생활을 택한다면 낭패를 보기 십상이다. 따라서 현행법과 제도를 미리 숙지하려는 노력이 필요하다. 또한 정부와 지방자치단체는 이렇게 현실과 동떨어진 귀농·귀촌 관련 제도와 법을 서둘러 손질해야 한다. 귀농·귀촌 행렬이 위기에 처한 우리나라 농업·농촌의 돌파구 역할을 할 것으로 기대하고 있으나, 이처럼 아직 제도가 이를 따라가지 못하는 측면이 있다. 정책 당국의 반성과 심기일전이 필요하다.

; 지속 가능한 전원생활을 위한 재테크

2015년 여름 교통위반 과태료 통지서를 하나 받아 들고는 '아차!' 싶었다. 한 지인의 부탁으로 수도권에 마련한 그의 전원 보금자리를 둘러보고 오는 길에 신호위반을 한 것이다. 전원생활 6년 차에 받아 든 첫 교통위반 과태료다. 가슴이 철렁 내려앉은 이유는 부주의한 탓에 물게 된 생돈 7만 원이 주는 무게감 때문이다. 도시에서 직장 생활을 할 때와 비교하자면 체감 금액은 거의 30만 원 수준이다. 소득이 4분의 1 수준으로 확 줄었으니 어찌 그렇지 않겠는가. 전원 행렬은 이들의 자산 운용에서도 필연적으로 포트폴리오의 변화를 수반한다. 대부분은 직장에서 은퇴하거나 사업을 접고 전원으로 들어오는데, 자녀 교육 및 결혼, 전원생활 기반 구축과 노후 대책까지 세워야 한다. 그래서 이들의 자산 재구성은 대개 인생 1막 자산의 대부분을 차지하는 아파트 등 도시 부동산을 처분하거나 축소하는 방식으로 이뤄진다. 당연히 자산도 줄어들고 소득도 크게 감소한다. 인생 2막 전원생활도 재테크가 필요한 이유다.

특히 준비 단계에서의 땅 구하기와 집 마련 못지않게 실생활에서의 재테크 또한 중요하다. 그 첫걸음은 '이왕이면 농업인(농민의 법적 표현)이 되라'는 것이다. 귀농은 당연히 농업인이 되는 것이고, 설령 귀촌했다고 하더라도 '가능하다면' 농업인의 자격을 갖추는 게 여러모로 좋다.

이를 위해서는 먼저 일종의 '농민 신분증'인 농지원부와 농업경영체 등록을 해야 한다. 이는 여러 가지 요건이 있지만, 농촌에 들어와 살면서 1000㎡(302.5평) 이상의 농지를 확보해 직접 농사를 지으면 가능하다. 농지원부와 농업경영체 등록을 하게 되면 건강보험료는 50% 감면받고, 국민연금은 월 최대 4만 950원(2016년 기준)까지 국고 보조를 받는다. 또 비닐하우스 등 영농시설을 설치할 때 보조금(단가의 50%)도 지원받을 수 있다. 집이나 축사를 짓기 위해 논밭, 과수원 등 농지를 전용할 때 내야 하는 농지보전부담금도 면제된다. 아울러 고등학생 자녀의 학자금이 면제되고, 대학생 자녀의 학자금 대출은 이자가 연 2.7%지만, 농업인의 경우 0%로 지원된다. 특히 각종 세금 감면 혜택도 크다. 농지원부에 등록된 토지를 8년 이상 시골에 거주하면서 자경한 다음 팔면 양도세를 5년 동안 총 3억 원까지 감면받는다. 은퇴한 도시의 부재지주가 전원생활을 하면서 건강도 챙기고 절세도 할 수 있는 방법이다.

농지원부와 별개로 농업경영체 등록을 하면 농가 소득 안정을 위해 지원하는 논과 밭 직불금을 받는다. 각종 농기계용 연료로 지급되는 반값 면세유도 사용할 수 있다. 이 밖에 각종 농자재 구입 시 부가세를 환급받을 수 있는데, 이는 지역 단위농협에서 환급 서비스를 대행해 준다.

나도 2010년 강원도 홍천으로 이주한 즉시 농지원부를 만들고 농업경영체 등록을 했다. 이듬해에는 지역단위농협에도 가입했다. 현재는 노후 대비 재테크 차원에서 한 상품의 가입 시기를 저울질하고 있다. 농·어업인에게만 혜택을 주는 '왕대박' 저축 상품인 '농어가목돈마련저축'이 바로 그것. 연 예금 이자가 최고 12.99%에 달한다. 이런 상품에 가입하지 않는다면 '팔불출'이라는 소리를 듣기 십상이다. 사실 귀농이든, 귀촌이든 전원생활을 하게 되면 도시에서 경제활동을 하던 때에 비해 소득이 크게 줄어들 수밖에 없다. 따라서 전원생활을 하는 전원인이자 농사를 짓는 농업인으로서 받을 수 있는 혜택은 최대한 찾아서 챙기는 것이 좋다.

아울러 시골 생활은 가급적 지출을 줄여야 한다. 기본적으로 농사를 지어 필요한 곡물과 채소 등을 자급할 수 있어 꼭 필요한 현금 지출을 제외하고는 지갑에 자물쇠를 채워야 한다. '안 쓰는 게 버는 것'이란 말은 전원생활 재테크에서 잊지 말아야 할 격언이다.

귀농·귀촌, 6차 산업에서 길을 찾아라

사례 1 2012년에 귀농한 G 씨(58)는 밭농사를 했으나 필요한 소득을 얻기 힘들었다. 그래서 최근 지역 원주민과 함께 밭작물을 원료로 하는 가공식품업을 창업했다.

사례 2 제법 큰 펜션을 운영해 온 H 씨(49) 부부는 펜션 사업이 어려움을 겪자, 2014년부터 새로운 수익 모델로 숙박과 연계한 오미자·채소농장을 가꾸고 있다.

사례 3 2014년 초에 귀촌한 A 씨(40)는 일단 단기 일자리를 구해 생활비를 버는 한편, 장인 소유의 임야에 산야초 체험농장을 조금씩 조성하고 있다.

사례 4 대기업 임원으로 은퇴한 K 씨(59)는 현재 귀촌 3년 차지만 1, 2년 안에 생산, 가공, 체험이 복합된 농장을 운영한다는 계획을 갖고 추진 중이다.

이들 귀농·귀촌인의 사례에서 가장 두드러진 특징은 무엇일까? 바로 귀농과 귀촌의 융·복합 현상이다. 귀농은 농사를 주업으로 삼는 것이고, 귀촌은 그냥 전원생활을 하거나 농사 외의 일이 주업이 된다. 귀농·귀촌의 융·복합은 정부가 국정 과제로 내건 농업·농촌의 6차 산업화와도 일맥상통한다. 6차 산업은 도쿄 대학의 이마무라 나라오미 교수가 1995년 제창한 것으로 생산(1차), 가공(2차), 유통·관광(3차)을 융·복합(1×2×3=6)한 신개념 농업을 일컫는다.

사례 1은 처음에 귀농했다가 이후에 귀촌을 접목한 것이고, 사례 2와 사례 3은 역으로 귀촌으로 시작해 나중에 농업(귀농)을 덧붙였다. 사례 4는 귀촌해서 농업(귀농)을 접목하기까지 적지 않은 준비 기간이 필요함을 보여 준다. 사례에서 보듯이 애초 각자 농촌 생활은 귀농 또는 귀촌으로 시작했으나 이후 정착 과정에서 귀농과 귀촌이 융·복합되었음을 알 수 있다. 현실은 이렇듯 귀농·귀촌의 융·복합이 빠르게 진행되고 있지만, 정작 정부와 지자체의 귀농·귀촌정책은 귀농 지원에만 치중해 왔다. 그 결과 귀농 인구는 2009년부터 2012년까지는 급증했지만

2012년부터 2014년까지 3년간은 연 1만 1000가구 안팎으로 사실상 정체 상태다. 반면 귀촌 인구는 급증세를 이어 가고 있다. 2013년에 귀농은 소폭 줄었지만 귀촌은 36% 늘어난 2만 1501가구를 기록했다. 2014년에는 3만 3442가구로 귀농 인구보다 3배가량 많았다. 2015년에도 귀촌 강세 흐름이 이어졌다.

통계에서 보듯 귀농·귀촌 흐름은 사실 귀촌이 주도하고 있다. 근래 들어선 귀농 선호 지역인 전라도와 경상도에서도 귀촌인 증가세가 눈에 띈다. 제주도는 말할 것도 없다. 정부가 농촌의 고령화·공동화 문제에 대응하기 위해 귀농인 유치에 매달리고 있지만, 현실은 귀촌이 대세로 자리 잡았다. 특히 서울에서 가까운 경기, 강원, 충남북은 귀촌이 압도적이다. 주목할 점은 농촌 이주 후 정착 과정에서 나타나는 귀농·귀촌의 융·복합 흐름 또한 귀촌인이 주도하고 있다는 것이다. 사실 노후자금 걱정 없이 오로지 전원생활만 즐기는 귀촌인은 그리 많지 않다. 상당수는 귀촌 창업이나 농업을 접목해 일도 하고 소득도 얻기를 원한다.

강원도의 한 농업 전문가는 "귀촌인은 귀농인에 비해 보유 땅과 자산 등 경제력, 전문성, 그리고 마케팅에 필수적인 인적 네트워크까지 두루 갖추고 있다. 이들이 단순 귀촌에 머물지 않고 점진적으로 6차 산업화를 일궈 내면 그 경제적 파급 효과는 귀농보다 훨씬 크다"고 말했다. 그러나 정부와 지자체의 귀촌(인)에 대한 조사 및 분석은 미흡하다. 귀촌 가구의 소득 수준, 토지 등 자산 현황, 이전 직업 분포, 귀촌 창업 및 귀농 접목 현황 등을 파악해 데이터베이스를 구축해야 한다. 이를 바탕으로 점진적인 농업(귀농) 접목을 통한 6차 산업화를 이뤄 낼 수 있도록 다각적인 교육 및 지원 체계를 갖추는 게 바람직하다. 귀촌인의 6차 산업 역량을 살려 기존 원주민과 귀농인의 생산력을 결합한다면 상당한 시너지 효과를 기대할 수 있다. 이 과정에서 정부와 지자체에서 시행하는 각종 농업·농촌 사업들과 입체적으로 연계하는 전략도 필요하다.

2001년부터 2014년까지 전국의 누적 귀농·귀촌 인구는 14만 5000여 가구로, 전체 농가(2014년 기준 112만 1000가구)의 약 13%나 된다. '귀농어·귀촌 활성화 및 지원에 관한 법률'도 2015년 7월 21일 시행에 들어갔다. 이젠 귀농·귀촌 정책이 양적 팽창과 귀농 중심에서 벗어나 질적 전환을 모색할 때다. 그 길은 '귀촌 주도의 6차 산업화'라고 본다. 귀촌을 꿈꾸는 도시민이라면 이런 관점에서 소득이 있는 노후 전원생활을 염두에 두고 하나씩 준비하는 것이 바람직하다.

제 7 장 : 전원생활, 성공이 아니라 행복이다!

6차 산업 선진국 일본의 사례에서 배운다

2014년 늦가을에 일본 오사카 나고야 일대의 '농업 6차 산업' 성공 모델을 견학할 좋은 기회가 있었다. 홍천농업인대학이 마련한 단기연수 행사였다. 일본은 2011년 6차 산업화법이 시행되는 등 6차 산업 선진국으로 자리매김했다. 우리나라에서는 박근혜 정부의 국정 과제로 채택되어 2014년 5월 '농촌융·복합 산업 육성 및 지원에 관한 법률'이 국회를 통과해 2015년 6월 발효되었다. 우리 정부 또한 위기에 처한 농업·농촌의 돌파구로 '귀농·귀촌'과 '6차 산업'을 내걸고 강한 드라이브를 걸고 있기에 비록 짧은 일정(4박 5일)이었지만 일본 연수에 대한 기대감은 자못 컸다. 결론부터 말하자면 일본 6차 산업의 성공 모델을 둘러보며 얻은 값진 교훈은 규모가 크고 잘 꾸며 놓은 농원, 직판장, 숙박·체험시설 등의 '유형의 것'이 아니라, 그들의 농업에 대한 바른 생각, 장인정신, 생명철학 등 '무형의 것'들이었다. 이를 하나씩 들여다보자.

첫 방문지는 일본 6차 산업의 대표적인 성공 모델 중 하나로 꼽히는 모쿠모쿠 농원(미에 현)이었다.

농촌체험형 관광농원인 이곳은 무엇보다 많은 젊은이가 활기차게 일하는 모습이 가장 인상적이었다(일본 또한 농촌의 고령화·공동화로 신음하고 있지 않은가). 공식 브리핑을 맡은 임원은 "이곳에는 많은 젊은이가 일하고 있지만 돈만 벌겠다는 생각은 없다. 생명산업인 농업이 갖고 있는 정신과 가치를 소비자들과 함께 나누면서 자기실현을 하고자 일한다"고 강조했다. 그래서 '가격'이 아니라 '가치'를 판다고 했다.

일본 전통된장을 만들어 판매하는 핫초미소 공장(오카자키)에서는 그들의 장인정신에 절로 고개가 숙여졌다. 679년 역사를 갖고 있는 이 된장공장은 콩 등 재료를 큰 삼나무 통에 넣고 그 위에 석공이 돌을 쌓아 만드는 전통 제조법을 지켜 오고 있었다. 이 회사 사장은 "우리가 옛 방식을 고집하며 기울이는 모든 수고가 된장의 가치에 포함된다. 욕심 없이 있는 그대로를 보여 주고 이를 고객으로부터 인정받는 힘이 지속 가능한 경영의 원천"이라고 했다. 적자도 없고 강제 퇴직도 없다는 이 회사는 70대 노인 직원들이 가장 큰 자랑거리라고 한다. 이어서 들른 곳은 시가 현의 한 협동조합. 2006년 법인으로 전환한 시가시 오미 협동조합은 마을 농가 28가구 중 21가구가 참여하고 있다. 이 조합은 과거 10년간에 걸쳐 등기부 상 소유 관계는 그대로 둔 채 크기와 모양이 제각각인 400곳의 논을 50곳으로 정비했다. 협동조합의 진정한 협력과 연대의 힘을 느끼기에 충분했다. 문제는 없을까? 조합 관계자는 "어려움도 있지만 지금까지 탈퇴한 조합원은 없었고 앞으로도 없을 것"이라고 자신했다.

오사카에 있는 스기고헤이 농원은 40년 전 대학을 졸업한 한 젊은이가 '어떤 농업을 할 것인가' 하는 고민에서 출발했다고 한다. 의식 있는 선구자의 역할이 왜 중요한지 잘 보여 줬다. 농업이 3D 업종으로 외면받던 시절, 순환 유기농법을 통해 자연 그대로의 작물을 재배하고 이를 먹고 체험하고 즐길 수 있도록 농업에 교육과 문화까지 접목한 것이다. 그들 스스로 "6차 산업을 처음 실현한 곳"이라고 자부할 만했다. 이곳에서는 닭, 토끼, 당나귀 등을 사육한다. 당나귀 분뇨를 퇴비화해 땅을 살리고 그 땅에 사계절 건강한 먹거리를 재배해 손님들에게 제공하고 있다. 친환경 작물 재배 및 수확, 동물 사육 과정에서 다양한 체험 교육 및 문화 이벤트를 연계한다. 아이들에게는 산교육의 장이자 어른들에게는 즐거운 식문화의 장이 된다. 손님들이 먹고 난 음식물 찌꺼기까지 고스란히 동물 먹이로 재활용한다.

일본의 6차 산업 견학을 통해 농업과 농업이 주는 가치에 대한 그들의 바른 생각과 굳은 의지, 꿈을 잃어버리지 않는 자세 등을 배웠다. 물론 한계도 보았다. 일본 역시 우리나라와 마찬가지로 농촌 고령화·공동화의 늪에 빠져 있고, 정부와 지방자치단체의 대출 및 보조금 지원에 대한 의존도 생각보다 컸다. 실제로 시가시 오미 협동조합의 경우 2013

년 한 해 결산은 흑자지만 보조금을 제외하면 적자를 면치 못한다고 고백했다. 대표적 성공 모델로 자타가 인정하는 모쿠모쿠 농원조차 건축물은 보조금을 받아서 지었으며 여전히 대출금 상환의 부담을 안고 있었다. 그럼에도 불구하고 일본 연수 과정을 통해 6차 산업을 '씨앗'으로 한 새로운 희망을 엿볼 수 있었다. 함께한 연수생들 사이에서는 "일본(인)이니까 가능하다"는 자조적인 푸념도 나왔다. 그러나 FTA라는 개방의 파고 속에서 우리도 할 수 있고, 또한 하지 않으면 안 된다. 정부가 귀농·귀촌과 6차 산업 활성화를 위해 다양한 제도와 지원책을 시행하고 있지만, 결국 이의 주체는 사람이고, 그가 농업(의 가치)에 대해 어떤 생각과 철학을 갖고 임하느냐가 무엇보다 중요하다. 일본 연수에서 얻은 교훈이 값진 이유다.

과열 귀농·귀촌 어떻게 해야 할까

　2015년 11월에 일본 홋카이도에 다녀올 기회가 있었다. 일본의 귀농·귀촌 활성화 정책 및 성공 사례를 벤치마킹하기 위해 마련된 전국 지방자치단체 공무원 연수단에 전문가 자격으로 합류했다. 일본은 농촌의 고령화·공동화 문제, 심지어 귀농 흐름까지 한국과 매우 유사하고 앞서간다는 점에서 자못 기대가 컸다. 그러나 결론부터 말하면, 일본의 귀농(일본에선 '취농就農'이라고 한다) 열기는 우리나라와 사뭇 달랐다. 11월 중순의 날씨만큼이나 스산했다.

　실제로 일본은 다각적인 지원책에도 불구하고 취농 인구가 정점을 지나 하향 곡선을 그리고 있다. 취농이란 도시에서의 회사원, 공무원, 자영업처럼 농사도 자유롭게 선택할 수 있는 직업 중 하나라는 관점의 표현이다. 일본은 1995년부터 신규 취농인이 크게 늘어나기 시작했다. 이후 2000년부터 2007년까지 8년간 매년 7만~8만 명의 취농인이 유입되며 전성기를 구가했다. 그러나 2008년부터 5만 명 선으로 떨어져 그 추세가 한풀 꺾이기 시작하더니 2010~2014년에도 연 5만 명 선에 머물렀다.

이는 2012년 45세 이하 청년 취농 급부금제(일종의 월급제) 도입 등 새로운 지원책에도 불구하고 기대에 못 미친 결과다. 향후 전망 또한 여전히 불투명하다. 내가 연수 기간에 만난 일본 취농 담당 공무원과 취농 농부들의 표정과 말투에서는 활력과 자신감을 찾아보기 어려웠다.

반면 우리나라의 귀농·귀촌 열기는 여전히 뜨겁다. 실제로 2015년 한 해 동안 각종 귀농·귀촌 박람회와 교육장, 그리고 각 지자체의 귀농·귀촌인 투어 행사에는 도시민들로 넘쳐났다. 귀농인 대출 지원을 위한 정부의 정책 자금은 당초 책정한 1000억 원이 조기 소진되어 500억 원을 추가로 긴급 편성하기도 했다. 2015년 12월 초순 강원도 홍천군 귀농·귀촌 멘토단의 일원으로 방문한 충남 서천군과 홍성군에서도 귀농·귀촌이 대세임을 거듭 확인할 수 있었다. 이렇다 보니 머지않은 장래에 농가 인구(2014년 기준 112만 1000가구, 275만 2000명)보다 훨씬 많은 도시민이 농촌으로 유입될 것이라는 낙관론도 제기된다. 실제 농·산촌 땅값은 귀농·귀촌 수요 유입으로 크게 올랐다. 친구 따라 강남 가는 식의 제주도행은 차라리 광풍에 가깝다. 이때를 놓칠세라 기획 영농 부동산들이 "향후 땅값이 폭등할 것"이라며 호객 행위에 열을 올리면서 사기 등 피해 사례도 적지 않다.

이 모든 것은 귀농·귀촌 현상이 이미 열풍을 넘어 과열 국면에 진입했음을 보여 주는 징후다. 과열은 앞으로 심각한 부작용과 후유증을 동반하기에 선제적 정책 대응이 요구된다. 이 같은 국내 과열 현상과 일본의 취농 흐름을 놓고 볼 때, 한국의 귀농·귀촌 인구 증가세는 2016년쯤 정점을 찍을 가능성이 높아 보인다. 이후 정점에서 옆걸음질을 하다가 베이비부머의 은퇴가 마무리되는 2018년 직후 분수령을 맞지 않을까 싶다.

2012년 이후 귀촌이 '도시 탈출' 행렬을 주도하고 있는데, 사회적 분위기와 경제 상황에 따라 언제 기세가 꺾일지 모를 일이다. 더군다나 2015년 12월 미국의 기준금리 인상 시작, 중국의 성장 부진 등 세계 경제의 불확실성이 증폭됨에 따라 이미 저성장 늪에 빠진 한국 경제의 발목을 잡을 것으로 우려된다. 한국은 2016년 생산 가능 인구가 감소세로 돌아서고 2018년에는 '인구 절벽' 시대를 맞을 것으로 예측되고 있다.

정부와 각 지자체는 2015년 7월 21일 시행에 들어간 '귀농어·귀촌 활성화 및 지원에 관한 법률'에 따라 2016년부터 5년 단위의 귀농·귀촌 종합 계획과 매년 시행 계획을 수립하게 된다. 도시민의 농촌 유입을 지속시켜 나가는 한편, 이들의 안정적인 정착이라는 과제를 안고 있다. 귀농·귀촌의 과열 국면에 대한 정확한 상황 인식과 그 이후를 내다보는 '연착륙' 정책을 모색해야 할 시점이다. 전원생활을 꿈꾸는 개별 도시민

들도 이런 중기 전망을 미리 염두에 두고 자신의 귀농 또는 귀촌 계획
을 수립하고 실행하는 것이 좋다. 그래야 시행착오를 최소화하고 실패
를 보지 않는다.

⁞ 경쟁이 일상이 되어 버린 시골에서 살아남기

"자연 속에서 좀 여유롭게 살려고 왔는데 되레 도시보다 더 바쁘고 힘이 드네요. 아내는 안 해본 농사짓고 체험농장 운영하느라 힐링은커녕 병까지 얻었습니다."(귀농 4년 차 L 씨, 55, 강원)

"겨울 비수기에도 펜션 시설물을 보수·관리하고, 매일 소셜네트워크서비스(SNS)에 글 올리고 일일이 답글을 달아 줍니다. 여유는 잠깐이고 끊임없이 노력하지 않으면 바로 도태됩니다."(귀촌 3년 차 P 씨, 54, 경기)

애초 귀농이든 귀촌이든 1차적인 목적은 자연 속에서 전원생활을 통해 여유와 힐링을 얻는 것이다. 그러나 L 씨와 P 씨의 말처럼, 실제로 살아 보면 여유와 힐링 대신 도시 못지않은 치열한 경쟁에 내몰리게 된다. 여러 TV 프로그램에서 앞다퉈 보여 주는 낭만적 전원생활과는 사뭇 다르다. 그럼 귀농·귀촌한 지 오래되어 전원생활에 나름대로 이력이 생긴 이들은 어떨까.

"12년 전 시골로 들어와 죽어라 농사를 지었지요. 그 후유증으로 건강을 많이 해쳤어요. 이제 농사를 내려놓으니 몸은 편한데 뭘 해서 먹고살지 걱정이네요."(귀농 12년 차 C 씨, 59, 강원)

"그동안 연금에만 의존해 살아왔는데 물가는 계속 오르고 씀씀이는 그대로여서 늘 불안해요. 요즘 소득에 조금이나마 보탬이 되는 농사일을 찾고 있는데 나이도 그렇고 시기적으로 너무 늦은 것 같아 사실 겁이 납니다."(귀촌 11년 차 K 씨, 69, 충남)

이렇듯 10년 이상 농사를 지어 온 귀농인은 물론이고 연금 생활을 해온 귀촌인도 앞으로의 전원생활에 대한 불안감을 떨쳐 내지는 못한다. 귀농·귀촌 인구는 가히 폭발적으로 늘고 있는데, 이들 대부분은 먹고 사는 문제의 전부 또는 일부를 농촌·농업에서 직간접적으로 해결해야 하니, 기존 지역 주민과의 경쟁은 물론이고 들어온 사람들끼리의 경쟁 또한 갈수록 격화되고 있는 것이다. 근래 들어선 창업 경쟁이 가세했다. 통계청에 따르면 2014년 말 현재 농업법인(영농조합법인, 농업회사법인)은 1만 6482개로 전년 대비 13.3% 늘었다. 이 중 농업생산법인은 8.2% 늘었지만, 귀농·귀촌인의 진출이 쉬운 가공법인과 유통법인은 각각 14.2%, 12.2%나 증가했다.

한 농업 전문가는 "귀농 창업, 6차 산업 창업을 부르짖는데 수요는 요지부동인 상황에서 자꾸 창업한다고 시장도 덩달아 커지는가"라고 반문한 뒤, "결국은 치열한 경쟁만 가중되면서 도시의 치킨점 창업—폐업의 전철을 답습할 수도 있다"고 지적했다. 이처럼 갈수록 경쟁이 가열되다 보니 먼저 들어온 귀농·귀촌인의 견제와 텃세도 심하다. 귀농 3년 차인 B 씨(53, 강원)는 "먼저 들어온 선배 귀농·귀촌인들이 새로 진입하는 이들을 배척하고 원주민보다 더 텃세를 부리는 사례도 없지 않다"고 꼬집었다. 지방자치단체마다 각종 귀농·귀촌 단체나 모임이 우후죽순 생겨나면서 내부 경쟁과 갈등 또한 심화되고 있다. 2015년 말 충북 B군에서는 귀농귀촌협의회의 차기 회장 선출 및 결산 처리를 놓고 폭행 사건이 벌어졌다. 전북 G군 귀농귀촌협의회 임원 선거에서는 부회장 3명 선출에 무려 7명의 후보가 난립하기도 했다. 심지어 귀농·귀촌과는 무관한 정치적 목적의 압력단체나 모임으로 변질되는 사례도 있다. 도시민의 농촌 회귀 현상은 그동안 압축·고속성장 시대의 치열하고 각박한 경쟁 사회에 대한 반작용의 결과라고 할 수 있다. 그러나 귀농·귀촌이 과열 양상을 보이면서 여유와 힐링을 찾아서 온 전원생활 또한 경쟁의 일상으로 바뀌어 버렸다.

2016년은 정부와 각 지자체가 귀농·귀촌 5개년 계획을 수립해 시행에 들어가는 첫해다. 귀농·귀촌은 고령화와 공동화로 위기에 처한 농업·농촌에 새로운 희망임이 틀림없다. 그러나 힐링 없는 경쟁은 다수의 패배자, 실패자만 양산하지 않을까 염려스럽다. '경쟁' 대신 '힐링'이 다시 전원생활의 화두로 등장하길 기대해 본다.

; '성공' 아닌 '행복' 귀농이 정답이다

매년 겨울이 가고 봄이 오면 여기저기서 귀농·귀촌 박람회가 열린다. 지방자치단체의 귀농·귀촌인 유치를 위한 각종 교육 및 설명회, 투어 행사 또한 봇물을 이룬다. 넓게 보면 모두 귀농·귀촌 교육이다. 그러나 상당수 지자체의 경우 단편적인 교육과 일회성 이벤트로 끝나 귀농·귀촌을 희망하는 이들에게 실질적인 도움이 되지 못한다는 지적이 나온다. 심지어 '일회성 관광 행사', '예산 낭비 행사'라는 비판까지 제기되고 있다. 물론 유익한 교육 프로그램도 많다. 대표적인 것이 바로 기존 선도 농업인, 그리고 선배 귀농·귀촌인과의 만남이다. 예비 귀농·귀촌인들은 이들로부터 귀농 준비 과정에서 부딪히는 현실적인 문제에 대한 도움뿐 아니라 그들의 정착 사례, 성공 사례에서 새로운 희망과 자

제7장 : 전원생활, 성공이 아니라 행복이다!

신감을 얻기도 한다. 그 어떤 이론 교육보다 교육적 효과가 크다. 인생 2막의 새로운 농촌생활(전원생활)은 말 그대로 '생활'이다. 때문에 기존의 선도 농업인들과 앞서 귀농·귀촌한 선배들의 산 경험이야말로 100가지 이론 교육을 무색케 하는 산교육이 아닐 수 없다.

그런데 여기에도 문제가 있다. 예비 귀농·귀촌인들이 만나는 선배란 결국 '성공한' 선도 농업인, 귀농·귀촌인이다. 여기서 성공이란 (귀농인을 예로 들자면) 고부가 작물 재배를 통해 고소득을 올리는 소위 '억대 부농'을 말한다. 물론 이들로부터 비단 성공의 결과뿐 아니라 그 과정에서의 실패와 좌절, 그것을 딛고 다시 일어선 용기와 열정 등에서 많은 깨달음과 교훈을 얻을 수도 있을 것이다. 그러나 귀농·귀촌인 유치라는 교육의 목표와 성격상 지나 온 과정보다는 현재의 결과에만 초점을 맞추기 십상이고, 이는 결국 '나도 할 수 있다'는 긍정을 넘어 자칫 누구나 귀농에 성공할 수 있다는 잘못된 환상을 심어 줄 가능성이 높다.

현실적으로 귀농인 가운데 성공한 사례는 극히 드물다. 실제로 연간 농축산물 판매액(소득이 아닌 매출이다)이 1억 이상인 농가는 전체의 2.7%(2014년 기준)에 불과하다. 더구나 앞으로도 지속 가능한 성공이 될지는 아무도 장담할 수 없다. 이 과정에서 치열한 인생 1막 못지않게 과도한 스트레스와 노동을 감내하지 않으면 안 된다.

정부와 지자체에서 시행 중인 각종 지원책들이 도시민들의 농촌 이주 및 정착에 큰 도움이 되는 것은 사실이지만, 그렇다고 해서 이들 지원책에만 매달리는 것은 매우 위험천만하다. 만약 어떤 귀농인이 정부에서 지원하는 귀농 창업 자금을 한도인 3억 원까지 빌렸다고 하자. 그는 거치 기간이 끝난 6년째에는 원금 3000만 원에 이자 600만 원을 더해 3600만 원을 갚아야 한다. 우리나라 농가의 평균 소득(2014년 3495만 원)보다 많다. 결국 대출 지원에 의존해 부농을 꿈꾸던 그의 귀농은 농업·농촌의 현실이란 거대한 벽에 부딪혀 '5년 시한부 귀농'으로 끝날 가능성이 매우 높다.

사실 '성공'이란 단어는 돈, 명예, 권력 등 도시적 가치를 아우른다. 도시인은 누구나 지나온 세월 동안 각자의 그릇에 이 가치들을 채워 왔다. 새로운 인생 2막의 터전인 전원으로 들어와 안식, 느림, 힐링 등 전원의 가치를 담고자 한다면, 이 도시의 가치들을 하나씩 내려놓아야 한다. 그렇지 않으면 전원의 가치는 담길 자리가 없다.

'성공'을 대체하는 전원의 가치는 '행복'이 아닐까 한다. 행복 귀농은 농사를 지어 대박을 욕심내지 않는다. 비록 물질적으로 부족해도 마음은 평안하고 육체는 건강한 삶이다. 자연과 하나 되어, 있는 그대로에 만족하는 안분지족하는 삶이다. 귀농은 직업을 바꾸는 것이 아니라 가치관을 바꾸는 일이다. 귀농·귀촌 교육도 '성공'이 아닌 '행복'에서 정답을 찾아야 할 것이다.

시골에서 부르는 만학의 노래

2015년 9월 5일 강원도 춘천시 S고 교내에서는 농업 관련 국가기술 자격 중 하나인 유기농업기능사 실기 시험이 시행되었다. 다소 긴장한 표정의 중장년층 수험생 중에는 나이가 지긋한 노인도 일부 보였다. 그 가운데 나도 끼여 있었다. 자격증 시험을 보기는 참 오랜만이었다. 1989 년 입사해 2010년 가을 퇴사할 때까지 운전면허 외에는 '붙기 위해' 시험을 치른 적이 없었다. 직장 시절의 바쁜 업무와 게으른 탓도 있겠지만 자기계발을 위한 주경야독의 추억도 간직하고 있지 않다. 그러나 가족 모두가 강원도 홍천으로 이주한 이후 나는 직접 친환경 농사를 지으면서, 한편으로 다시 머리띠를 졸라맸다. 온전한 '자연인'이자 '농부'가 되고자 결행한 인생 2막의 길, 그 미지의 길은 좁고 길고 구불구불했으며 심지어 어두웠다. 그 길을 밝혀 줄 빛이 필요했고, 그게 공부였다.

그동안 직접 친환경 농사를 짓고 귀농·귀촌 칼럼 연재 및 강의 활동 등으로 바쁜 와중에도 홍천군농업기술센터의 문턱을 부지런히 넘나들었다. 특히 2012년에는 홍천군농업인대학 과정인 기초농업(영농정착 기술교육) 과정을 이수했고, 이어 2014년 농산업마케팅 과정을 마쳤다. 2015년에는 초지일관 고수해 온 유기·자연농업의 이론적 토대를 갖추기 위해 공부했고, 결국 유기농업기능사 자격증도 땄다. 2016년에는 농식품 창업 과정과 소셜마케팅 심화과정에 도전했다. 되돌아보면 이 과정을 함께한 만학도들은 대부분 40~60대 귀농·귀촌인이었다. 이들에겐 나와 마찬가지로 농사와 전원생활이라는 미지의 세계를 밝혀 줄 빛에 대한 갈망, 갈급함이 있었다. 한 60대 귀농인은 이에 대해 "아는 만큼 보인다는 말처럼 배우고 익히니 그만큼 전진할 수 있었고 또한 계속 걸어가고자 하는 용기도 얻을 수 있었다"고 회상했다. 그러나 늦깎이 배움의 과정은 결코 녹록지 않았다. 2015년에는 '메르스'와 극심한 가뭄이 향학열에 불타는 농부 학생들의 발목을 잡았다. 한 여성 귀농인은 "가뭄 때문에 밤늦게까지 강에서 물을 길어 와 작물에 뿌려 주고는 책상에 앉아 졸음과 싸워 가며 공부했다"며, "그나마 엉덩이를 붙이고 공부할 시간조차 없었다"고 하소연했다.

농촌으로 들어온 40~60대 귀농·귀촌인들의 주경야독 열기는 이처럼 뜨겁다. 전원생활을 준비 중인 도시민들의 사전 귀농·귀촌 교육보다 되레 더욱 진지하고, 심지어 처절(?)하기까지 하다. 이들은 배운 것을 바로 농사와 전원생활에 적용한다. 역으로 현장에서 경험하고 느낀 것들을 이론과 실습 공부를 통해 자기 것으로 만든다. 더 나아가 부가가치가 높은 농작물 재배와 농업·농촌의 6차 산업화, 마을과 지역 상생 사업에서도 주도적인 일꾼으로 자리매김하고 있다. 내가 사는 주변만 보더라도 농부로 거듭나기 위해 새로운 배움에 나선 교수, 박사들도 있다. 6차 산업을 일궈 가는 대기업 임원과 교사 출신 50대 후반 부부도 있고, 마을 기업을 이끌고 있는 공무원 출신 귀농인도 있다. 시부모를 모시고 아이를 키우면서도 큰 규모의 농사를 짓거나, 마을 공동체 사업을 이끌고 있는 억척 여성 귀농인도 드물지 않다. 새로 발을 내디딘 농촌에서 주경야독하는 이들은 넘치는 열정과 에너지로 미답의 영역을 개척하고 있다. 사실 상당수는 그 일을 하지 않아도 먹고사는 데 큰 문제가 없다. 그래도 이들은 도전한다. 새로운 인생 2막의 꿈을 꾸고 있기 때문이다. 때론 무모해 보이기조차 하지만 그래도 그들은 해보겠다며 의욕을 불태운다. 그리고 이미 일부에선 그 성과를 보여 주고 있다. 농촌으로 들어와 한 걸음 한 걸음 무에서 유를 창조해 내고 있는 이들이야말로 고령화·공동화로 위기에 처한 농업·농촌에 한 줄기 희망의 빛이 될 것이라고 나는 굳게 믿는다.

귀농·귀촌한 40~60세대가 부르는 만학의 노래는 결코 세련된 선율이 아니다. 새로운 인생 2막의 목표를 이루고자 토해 내는 거친 숨소리요, 도시를 내려놓고 시골에 뿌리를 내리고자 하는 안간힘이다. 고되지만 행복한 전원생활을 만들어 나가기 위해 흘리는 굵은 땀방울이 땅에 떨어져 내는 소리 없는 울림이기도 하다. 그래서 더욱 아름답다. 보다 많은 예비 귀농·귀촌인과 초보 귀농·귀촌인들이 이 책을 통해 아름다운 만학의 합창에 동참하기를 감히 권한다.

전원생활 촌테크

1판 1쇄 인쇄 2016년 3월 17일 | 1판 1쇄 발행 2016년 3월 25일

지은이 박인호

발행인 김재호 | **출판편집인 · 출판국장** 박태서 | **출판팀장** 이기숙
아트디렉터 최진이 | **교정** 이현미
마케팅 이정훈 · 정택구 · 박수진

펴낸곳 동아일보사 | **등록** 1968.11.9(1-75) | **주소** 서울시 서대문구 충정로 29(03737)
마케팅 02-361-1030~3 | **팩스** 02-361-1041 | **편집** 02-361-0967
홈페이지 http://books.donga.com | **인쇄** 신사고 하이테크

ISBN 979-11-87194-05-7 03320 | **값** 13,000원

이 도서의 국립중앙도서관 출판예정도서목록(CIP)은 서지정보유통지원시스템
홈페이지(http://seoji.nl.go.kr)와 국가자료공동목록시스템(http://www.nl.go.kr/
kolisnet)에서 이용하실 수 있습니다. (CIP제어번호: CIP2016006539)